À MOI LA GLOIRE

Fabrice Hadjadj

À moi la gloire

salvator

Yves Briend Éditeur
103, rue Notre-Dame-des-Champs F-75006 Paris
contact@editions-salvator.com
www.editions-salvator.com

Maquette intérieure : Atlant'Communication
Couverture : Nord Compo

ISBN : 978-2-7067-1884-7

À ma filleule, Ève

Avant-propos

Les feux de la rampe et l'ombre des coulisses

Maius est illuminare quam lucere solum.
Saint Thomas d'Aquin

Les pleins feux sont obscurs. L'acteur qu'ils éclairent en consommant tant d'énergie ne voit pas les spectateurs dans la salle; et les spectateurs dans la salle, que peuvent-ils bien voir au moment du salut? Il semble que ce soit l'acteur, mais il ne joue désormais aucun acte: ce n'est déjà plus son personnage et ce n'est pas encore sa personne. Aussi ne trouve-t-il rien de mieux à faire que s'incliner et se redresser, s'incliner et se redresser encore, puis ressortir et rerentrer encore, avec ce sourire qui craint de s'étaler jusqu'à paraître trop content de soi, ne sachant pas s'il est riant ou risible, roi ou valet.

L'avant-scène n'est qu'une coulisse de la vie quotidienne, et même une coulisse paresseuse, puisqu'on ne songe pas à s'y préparer pour la suite. Que l'on braque cependant le projecteur sur les loges ou sur l'envers du décor, comme le font certains magazines, et la vedette improvise aussitôt un rôle moins bien écrit, et qui glisse fatalement du tragique vers le sentimental. La pénombre serait-elle plus lumineuse ? *Beaucoup d'étoiles comptent sur nous pour être devinées.*

Platon a pensé que la gloire supposait l'épreuve de la disparition. C'est la fameuse histoire de l'anneau qui rend invisible – celui de Gygès. Que faites-vous une fois que vous l'avez passé et que plus personne ne vous voit ? Profitez-vous de ce pouvoir pour violer des intimités, préserver votre impunité, prendre vos rivaux par surprise et conquérir l'empire ? Vous voici alors sur le trône, tout brillant sous les éclairages, mais par le ressort de sombres manœuvres. À moins que, malgré l'inapparence, vous vous efforciez de bien faire, et dès lors méritiez une gloire que l'ombre prouve et vous dérobe à la fois. Dans le premier cas, perfide, vous « passez » pour bon au regard des autres ; dans le second, vous n'êtes bon qu'à votre regard, comme si cela pouvait suffire à un être de chair, essentiellement fait pour la visibilité. L'alternative ne serait-elle qu'entre une gloire usurpée et pas de gloire du tout? S'agit-il d'en conclure que n'est digne de gloire que celui qui lui oppose une indifférence contre-nature?

Où donc est la vraie lumière? Comment nous fait-elle briller sans que nous nous rengorgions? Peut-être ne s'agit-il pas de briller, à vrai dire. Nul n'est plus intéressant que celui qui ne cherche pas à faire l'intéressant, mais s'intéresse avec passion à quelque chose d'autre. De même, nul n'est plus brillant que celui qui illumine. Mais alors, comme les projecteurs eux-mêmes, plus cachés encore que les coulisses, il se retire dans sa lumière. Derrière les feux de la rampe, et jusque derrière les spectateurs, modeste travailleuse et néanmoins maîtresse des jeux, il y a la veilleuse de la régie.

*

Parmi les thèses de doctorat que j'aurais pu écrire, il y en a certainement une sur la gloire. Ç'aurait été mon *opus magnum* – un énorme pavé, bien sérieux, avec beaucoup de notes de bas de page, et dont le caractère « chiantifique », si l'on me permet l'expression, eût été absolument indubitable.

J'y aurais opéré la jonction entre la métaphysique de saint Thomas et la phénoménologie contemporaine. J'y aurais montré que « l'être est gloire » et que c'est là le principe de toute phénoménalité, la grande raison (par-delà nos petites raisons) pour laquelle les vivants se manifestent – le grand motif pour lequel la rose donne son parfum, la limace de mer multiplie ses couleurs, la fauvette grisette module son chant, le professeur expose ses palmes académiques.

Mais j'ai une femme et huit enfants, qui font de ma vie un véritable conte de fées, avec ses princesses et ses sorcières, ses angelots et ses monstres. J'ai aussi un institut où je dois jouer le rôle de directeur, avec un goût pour la poésie qui me rend difficile l'endurance universitaire. Les pages qui vont suivre sont donc des aperçus de la grande œuvre qui ne sera jamais écrite et que son genre condamnait, de toute façon, à n'être jamais lue. Au lieu de la longue randonnée alpestre, c'est une gentille promenade autour du pâté de maisons, au fond d'une vallée d'où l'on peut quand même apercevoir les montagnes – au loin.

*

Pour jeter sur le papier les méditations qui habitaient mon esprit, et pour ruiner définitivement la tournure universitaire qu'elles auraient pu prendre, j'ai pris occasion de l'honneur que me faisait Jean-Marie Lovey, évêque de Sion (comme quoi la Suisse n'est pas loin du pays biblique), de donner trois conférences pour le Carême de l'année 2019.

Leur titre général initial était *Petite théorie de la gloire* – un peu comme la *Petite messe solennelle* de Rossini, où les grandes orgues sont remplacées par un accordéon. Les organisateurs le jugèrent probablement trop rébarbatif. Quand ils m'envoyèrent l'affiche qu'ils avaient composée, je découvris cet autre titre, selon eux plus accessible : « À Toi la gloire ! » C'était assez gênant. L'ovation s'étalait juste en dessous de mon nom, avec ma photo dans le coin supérieur droit. La majuscule du pronom personnel ne suffisait pas à dissiper la confusion ni à sortir du cliché. J'ai donc pris le parti de faire carrément imprimer en couverture de ce livre : *À moi la gloire !* Ce qui est beaucoup plus clair, mais qui, bien sûr, fait revenir l'équivoque autrement.

« À moi ! » : c'est la revendication du petit égoïste qui veut que son grand frère lui rende sa figurine de Dark Vador. C'est aussi un appel au secours. Celui qui crie : « À moi la gloire ! » demande à la gloire de lui venir en aide, comme si ce n'était pas quelque chose, mais quelqu'un. Affirmation et détresse, prétention et prière, appartenance et grâce sont ici intimement unies, et ne se distinguent que selon le contexte et l'intonation, si elles se distinguent jamais. Tel est bien le sujet qui nous occupe ici.

*

Les textes qui furent prononcés ne sont pas exactement ceux qui sont imprimés ici – plusieurs points ont été complétés, amplifiés ou précisés, ce que m'interdisait le cadre d'une conférence dans une cathédrale, juste avant l'office des vêpres, et juste après qu'une charmante dame m'eut à chaque fois répété comme je montais à l'ambon : « Vous avez quarante minutes, attention, la dernière fois vous avez fait plus ! » J'aurais pu donc expurger cet essai de ses circonstances de temps et de lieu. Ma foi en l'Incarnation m'a poussé à les garder. Le Juif (et donc aussi le chrétien), à la différence du Grec, est profondément marqué par la notion de révélation, c'est-à-dire par le fait (et non seulement l'idée) que l'universel se donne dans le singulier, que l'essentiel se manifeste à travers des événements, et par conséquent que le raisonnement reste toujours enchâssé dans une narration. Le penseur peut se tourner vers ce qui est au-delà des circonstances, il se tient malgré tout dans une généalogie et dans une histoire. Comme je l'ai maintes fois répété, pour nous, *Logos* est le nom du Fils, la logique s'insère dans un engendrement.

Je n'aurais certes jamais rien pu réaliser sans mes parents (comme ne manque pas de le rappeler la jeune actrice qui vient de recevoir le César du meilleur second rôle féminin), mais, de manière plus immédiate, je n'aurais pas écrit ces pages sans la demande de Mgr Lovey et du chanoine Lionel Girard (« L'Éternel te bénira de Sion », chante le psaume 127). Je n'aurais pas non plus avancé dans ma réflexion sur la gloire sans la rencontre du philosophe belge Jacques Dewitte, avec qui je poursuis le dialogue depuis sa nouvelle traduction de *La Forme animale,* du grand zoologue bâlois Adolf Portmann[1]. Ayant invité Jacques comme chaque année, autour du mois de mars, à Fribourg pour un enseignement, nous avons roulé ensemble la première fois jusqu'à Notre-Dame du Glarier (c'est le nom de la cathédrale de Sion, un glarier étant le lieu où se déposent les alluvions d'une rivière) : était donc à la première conférence celui qui me l'avait largement inspirée. Il me faut aussi remercier mon ami le frère Emmanuel Perrier, qui m'a permis de mieux saisir la triple finalité de la créature, ainsi que le frère Gilles Emery, qui a su briser le cercle magique en me faisant découvrir la *datio irredibilis* au sein de la Trinité même : sans les dominicains, la vie intellectuelle serait moins belle

1. La Bibliothèque, 2013.

(ce ne serait peut-être même pas une vie). Ma gratitude va encore à François-Xavier Putallaz : trois dimanches de suite, il me fit l'amitié de venir m'écouter, son oreille de métaphysicien m'aidant à garder la justesse spéculative dans un discours grand public.

Enfin, toute dernière circonstance, en ce jour où j'écris cet avant-propos, j'apprends la mort de Jean-Louis Chrétien, mon maître en philosophie. Il y a vingt-six ans j'entrais dans l'amphithéâtre de la Sorbonne où il donnait un cours sur *Physique II* d'Aristote, puis je lisais dans la bibliothèque Sainte-Geneviève son étude sur « La gloire des corps », si décisive à convertir le nietzschéen que j'étais. Je m'aperçois soudain que la gloire était déjà là, et que la voix de Jean-Louis n'a cessé de m'accompagner jusqu'ici, avec les « euh… euh… » qui temporisaient sa phrase pour mieux aller puiser la vérité dans le silence. Elle continuera de résonner en moi, jusqu'à ce que ce soit à mon tour de laisser la place, et de l'entendre à nouveau pour de bon – Seigneur, ayez pitié de nous – dans le chœur des justes, glorifiante et glorieuse.

Praroman, le 28 juin 2019,
en la fête du Sacré-Cœur

I

Qu'est-ce que la gloire ?

Du désir que j'en ai et de sa légitimité éventuelle

1. Si je prends devant vous la parole aujourd'hui, si mon nom se trouve près du titre sur l'affiche, si même je me suis levé ce matin et qu'au lieu d'une grasse matinée je sois allé quérir, à la messe, une matinée de grâce, je l'avoue, c'est parce que je désire la gloire. J'attends de vous des honneurs, je les attends même, après vous, de la postérité, et, non content de ma panthéonisation, plus énorme encore, je les attends des anges, des saints et de Dieu en trois Personnes. Sans scrupule, sans honte, mais non sans tambours ni trompettes, j'aspire à être porté aux nues, revêtu de la pourpre et ceint de la couronne.

Un tel désir peut paraître déplacé – en tout temps, sans doute, et plus encore en ce temps de Carême, où mon inconvenance semble aller jusqu'au scandale. En effet, durant le Carême, on ne chante plus *Gloria* à Dieu, et voilà que je voudrais en quelque sorte qu'on me chante *gloria* à moi. Je dérogerais entièrement aux exigences de cette heure où il faut songer que nous sommes poussière et que nous retournerons à la poussière, car c'est l'heure de l'intériorité et non des succès extérieurs – le temps de l'aumône cachée, de la prière dans le secret de sa chambre, du jeûne dissimulé sous une tête parfumée et affable. L'évangile du mercredi des Cendres ne m'a-t-il pas par trois fois mis en garde contre mon appétit de gloire ? *Quand tu fais l'aumône, ne va pas le claironner devant toi [...]. Quand vous priez, ne soyez pas comme les hypocrites : ils aiment, pour faire leurs prières, à se camper dans les synagogues et les carrefours, afin qu'on les voie [...]. Quand vous jeûnez, ne vous donnez pas un air sombre comme font les hypocrites : ils prennent une mine défaite pour que les hommes voient bien qu'ils jeûnent* (Mt 6, 2-16).

Mon désir devrait donc être celui de l'effacement, mais – on peut déjà le déduire du passage cité – d'un effacement qui ne se montre pas, d'une humilité sans mine défaite, qui ne cherche pas à *paraître* humble. Peut-être, au reste, qu'en vous parlant de mon désir de gloire, je suis en train d'entamer l'exposé de mes fautes, ce qui pour le coup siérait tout à fait à l'état d'esprit du Carême. Je vous ferais part de mon mauvais penchant, je vous confesserais ma vanité indécrottable et, pour mieux battre ma coulpe pendant qu'elle est chaude, je le ferais comme ça, en public, campé dans la cathédrale… Mais comment cet exhibitionnisme spirituel ne relèverait-il pas encore de la vanité, et même d'une vanité au second degré ? Cependant, si je ne le faisais pas en public, mais sous le regard de ma conscience et du Père *qui voit dans le secret,* comment ne serais-je pas encore en train de me glorifier de ne pas être un hypocrite ? Comment ne tomberais-je pas dans une espèce de vanité intérieure ? Et comment appeler cette vanité intérieure qui prétend n'avoir pas besoin du regard des autres, qui refuse de prendre le risque du ridicule en plastronnant devant eux ? N'est-ce pas l'orgueil même ?

Petits problèmes d'humilité

2. On n'échappe pas si facilement au désir d'une certaine gloire. On pourrait même dire que ce désir, plus que le bon sens, est la chose du monde la mieux partagée. Blaise Pascal l'observe dans une de ses *Pensées* :

> La vanité est si ancrée dans le cœur de l'homme qu'un soldat, un goujat, un cuisinier, un crocheteur se vante et veut avoir des admirateurs ; et les philosophes même en veulent ; et ceux qui écrivent contre veulent avoir la gloire d'avoir bien écrit ; et ceux qui le lisent veulent avoir la gloire de l'avoir

> lu; et moi qui écris ceci ai peut-être cette envie; et peut-être ceux qui le liront[1]...

Le prédicateur qui dénonce la course aux honneurs halète lui-même après l'honneur d'être écouté, et il lui faudrait même, pour mettre fin à cette course, qu'il devienne le premier, assez haut sur le podium afin que tous puissent l'entendre. Il ne faut pas s'étonner que saint Jean Chrysostome ait pu dire en homélie: « Les autres vices se rencontrent chez les serviteurs du démon; la vaine gloire se rencontre même chez les serviteurs du Christ[2]. » Cette remarque vaut pour lui-même. En voulant servir le Verbe incarné, il s'est évertué à ce que son propre verbe soit plus fort, plus persuasif que celui des impies, et c'est ainsi qu'il a reçu de ses auditeurs le titre grec de « chrysostome », en français: « Bouche-d'or ». On ne sait pas très bien comment une bouche d'or pourrait conserver encore assez de souplesse pour ne pas être comme ces *idoles des nations, faites d'or et d'argent,* à propos desquelles le psalmiste remarque qu'*elles ont une bouche et ne parlent pas* (Ps 134, 15-16): plus la bouche se distingue en se faisant de métal précieux, moins elle est de chair, et du même coup son pouvoir de séduction

1. Pascal, *Pensées,* Léon Brunschvicg éd. II, 150.
2. *Homélies sur Matthieu,* XIII, cité par saint Thomas d'Aquin, *Somme de théologie,* IIa-IIæ, qu. 132, art. 3, sed contra.

éveille nos soupçons, son style voile son sens. Cet éloge du prédicateur a toutefois l'avantage d'exprimer assez bien l'ambiguïté de son ambition.

3. Dans son *Introduction à la vie dévote,* saint François de Sales met en évidence cette ambiguïté d'une vertu qui doit conduire à l'humilité (et même à l'amour de notre propre abjection) mais qui porte aussi le devoir de veiller à ce que cette humilité ne tombe pas dans le mépris. Il écrit : « L'humilité ne pouvant souffrir que nous ayons aucune opinion d'exceller ou devoir être préférés aux autres, ne peut aussi permettre que nous recherchions la louange, l'honneur ni la gloire qui sont dus à la seule excellence. » Sans tarder, cependant, François de Sales contre-balance son assertion : « Il est vrai que l'humilité mépriserait la renommée si la charité n'en avait besoin ; mais parce qu'elle est l'un des fondements de la société humaine, et que sans elle nous sommes non seulement inutiles mais dommageables au public, à cause du scandale qu'il en reçoit, la charité requiert et l'humilité agrée que nous la désirions et conservions précieusement[1]. »

L'évêque de Genève parle ici, non pas de poursuivre la gloire, mais de « conserver sa bonne

1. Saint François de Sales, *Introduction à la vie dévote,* III, chap. VII, in *Œuvres*, Gallimard, coll. « Bibliothèque de la Pléiade », 1969, p. 148-149.

renommée en pratiquant l'humilité ». Pour prouver cette exigence, il s'appuie sur la nature politique de l'homme : que je le veuille ou non, mon être est social et ce que je parais aux yeux des autres ne peut être négligé. Je suis nommé, mais la manière dont on me « re-nomme », c'est-à-dire dont mon nom s'enveloppe d'un écho favorable dans le monde, est la condition pour que je sois un témoin fiable. Par conséquent, et par souci du salut des âmes, il faut que mon humilité soit attirante, que ma charité ait du mordant, ma chasteté du *sex-appeal*... Et cette humilité rayonnante ne perdrait rien, quoi qu'on dise, à dépasser la simple renommée et devenir glorieuse. J'obéirais même à un commandement du Christ : *Que votre lumière brille devant les hommes* (Mt 5, 16).

4. Une solution courante pour sortir de cette ambiguïté serait de préciser : « Bien entendu, mes chers frères et mes chères sœurs, je cherche la gloire, mais ce n'est pas à *ma* gloire que je cherche à contribuer, c'est à la gloire de Dieu. » Une telle précision, qui voudrait rabaisser ma prétention en invoquant je ne sais quel altruisme suprême, m'enfoncerait plutôt dans un orgueil démesuré. Que puis-je ajouter à la gloire de Dieu ? Si je pouvais ajouter à sa gloire, ce ne serait pas Dieu, et je croirais que Jupiter est sorti de ma cuisse. Jésus nous en avertit lui-même : *De la gloire, je n'en*

reçois pas qui vienne des hommes (Jn 5, 41). Certes, le Seigneur nous demande de lui rendre gloire, et nous chantons qu'il est grand, qu'il est beau, qu'il est puissant, mais ce n'est pas pour lui, comme s'il en avait besoin, comme s'il avait de graves problèmes d'estime de soi et qu'il fallût à chaque fois que sa créature le rassurât sur sa divinité. S'il nous fait cette demande, comme tout ce qu'il nous demande, ce n'est pas pour lui, mais pour nous.

Afin d'élucider cette question, les théologiens distinguent entre la gloire intérieure et la gloire extérieure de Dieu. S'il peut y avoir accroissement de sa gloire, ce n'est pas en lui-même, mais dans sa créature. En étant ordonnée à cette gloire extérieure du Très-Haut, c'est la créature qui est élevée, qui reçoit une gloire, car il ne saurait y avoir de concurrence entre le Créateur et sa créature. Ils ne sont pas du même ordre: l'un est cause totale de l'autre. C'est un peu comme le poète et son poème. Il serait absurde de prétendre que plus j'aime Baudelaire en tant que poète, moins j'aime *Les Fleurs du mal*, ou inversement. Leur relation est telle que je ne peux aimer l'un sans aimer l'autre, et que la gloire du poète, c'est la gloire de son poème – que je sache « L'invitation au voyage », par exemple, et que par cœur j'aime à la réciter en public. Une telle récitation correspondrait, s'agissant de la gloire de Dieu, à l'accueil de sa créature et à sa glorification devant les autres hommes, qu'il s'agisse d'un pissenlit ou de ma tante Nicole, d'une limace ou de moi-même…

À glorifier ainsi la créature, n'y aurait-il pas régression vers l'idolâtrie ? Du Bellay se le demande dans un sonnet. Il y critique la licence que s'accorde le poète d'employer les termes « adorer », « céleste » ou « déesse » afin de chanter la vertu d'une belle dame néanmoins pécheresse et mortelle. Sa Muse en deviendrait-elle « flatteresse » ou sacrilège ? Le défenseur de la langue française répond par cette fine distinction entre la « vanité antique » et l'« usage chrétien » :

> L'antique vanité avecques tels honneurs
> Soulait idolâtrer les princes et seigneurs :
> Mais le chrétien, qui met ces termes en usage,
>
> Il n'est pas pour cela idolâtre ou flatteur :
> Car en donnant de tout la gloire au Créateur,
> Il loue l'ouvrier même, en louant son ouvrage[1].

La perfection de son ouvrage est ce que vise le bon ouvrier, et, comme son art se réalise dans une opération transitive, on ne peut l'admirer lui-même que hors de lui-même, par ricochet, à travers le fruit de son travail bien fait : le chaudronnier, en

1. Joachim du Bellay, *Les Regrets,* 178, Poésie-Gallimard, 1975, p. 187.

tant que chaudronnier, ne se juge pas à sa bonne tête, mais à ses bons chaudrons. C'est pourquoi le poète athée, qui s'émerveille d'une créature jusqu'à en oublier le Créateur, lui rend mieux hommage que le bigot mécanique qui prétend le louer en crachant sur ses créatures. Tartuffe ému par le sein de Dorine est plus vrai dévot que celui qui y serait absolument froid.

Par là se retrouve la célèbre formule en spirale de saint Irénée de Lyon : « La gloire de Dieu, c'est l'homme vivant, et la vie de l'homme, c'est la vision de Dieu[1]. » Je me dois donc de cultiver ma propre gloire comme celle (extérieure) de Dieu, et celle de mon prochain comme la mienne. Ce qui faisait aussi dire à Dom Jean-Baptiste Porion, chartreux de la Valsainte : « La plus grande humilité, c'est d'accepter de devenir Dieu. » J'espère ainsi être assez humble pour désirer d'être vraiment glorieux, selon les vœux de l'Éternel à mon égard.

5. Ici l'on pourrait se tourner vers une autre solution facile qui consiste à distinguer entre la gloire qui vient des hommes et la gloire qui vient de Dieu. Il me conviendrait de désirer la seconde, attendu que la première est trouble, précaire, faillible.

1. Saint Irénée de Lyon, *Adversus Hæreses*, IV, 20, 7.

Or vous ne manquerez pas de noter que, dans ce cas, si je dédaigne la gloire des hommes, c'est parce que je ne l'estime pas à ma hauteur. Non, vos applaudissements sont trop incertains, je les balaye comme une nuée de moucherons, je leur préfère les claquements d'ailes des chérubins et, plus haut encore, les honneurs en chorus des Personnes divines lors du Jugement dernier. Vous pourriez m'en blâmer, j'aurais pour moi l'éloge que saint Thomas d'Aquin fait du magnanime. Cet appétit de recevoir sa gloire de rien de moins que l'Éternel, en passant par-dessus la tête des hommes, en trouvant leurs palmes et leurs trophées encore trop médiocres, Thomas ne le rapporte pas aux vices de la présomption ou de l'ambition, mais à la vertu de magnanimité : « Le magnanime prétend à de grands honneurs, comme en étant digne, ou encore comme inférieurs à ce dont il est digne, car l'homme ne saurait honorer suffisamment la vertu, dont l'honneur doit venir de Dieu. Il n'est donc pas enivré par les grands honneurs [mondains], car il ne les considère pas comme au-dessus de lui, mais plutôt il les méprise[1]. »

C'est le désir d'une couronne divine qui me permet de regarder la couverture de *Paris Match*, le Prix Nobel de littérature, la présidence de la

1. *Somme de théologie,* IIa-IIæ, qu. 129, art. 3, ad 3.

République, la médaille d'or d'haltérophilie poids lourds ou la première place au concours du plus gros mangeur de boudin de Mortagne-au-Perche, comme assez mesquins en comparaison de ma dignité chrétienne.

6. Dans le cinquième livre de *La Cité de Dieu,* saint Augustin critique l'amour de la gloire humaine qui fut le motif majeur des Romains et de leurs actions héroïques. Il accuse Cicéron d'avoir eu « du goût pour ce subtil poison ». Le grand orateur l'aurait mis au principe de sa morale, écrivant que « l'honneur est l'aliment de l'activité humaine et la gloire est le foyer qui l'anime[1] ».

En pensant ainsi, les Romains prennent pour Dieu ce qui n'est qu'un don de Dieu et se perdent dans une recherche téméraire des dangers, un appétit effréné de conquête, une rivalité les uns avec les autres. Ils finissent par sacrifier leurs proches ou se tuer eux-mêmes pour une Rome qui n'a rien d'éternel, mais s'avère bientôt corrompue et périssable. La passion de la gloire, lorsqu'elle l'emporte sur la justice et l'amour de Dieu, est donc « un vice ennemi de la foi ». Saint Augustin en veut pour preuve cette parole du Seigneur dans l'Évangile selon saint Jean : *Comment*

1. Saint Augustin, *La Cité de Dieu,* V, XIII.

pouvez-vous croire, vous qui recevez votre gloire les uns des autres, et ne cherchez pas la gloire qui vient du Dieu unique? (Jn 5, 44).

Toutefois, par un étrange retournement, saint Augustin admet que ces Romains dont il vient d'orchestrer la réprimande sont aussi exemplaires. Il procède à ce qu'on pourrait appeler une exhortation *a fortiori,* chère à saint Paul dans la Première épître aux Corinthiens : les athlètes, dans les courses du stade, se livrent à une grande ascèse pour obtenir une couronne qui se fane ; que ne devons-nous pas faire, dès lors, pour obtenir une couronne éternelle ? (cf. 1 Co 9, 24-25). Cet argument *à-plus-forte-raison* est pour le moins singulier : le pécheur et le païen y offrent aux chrétiens une émulation plus grande que le saint.

Cela pourrait se décliner aujourd'hui de nombreuses façons : « Regardez ces femmes qui s'astreignent à de terribles régimes pour être séduisantes, et vous ne voudriez pas jeûner pour plaire à Dieu ? Regardez ces jeunes gens qui passent des nuits blanches à jouer à des jeux vidéo, et vous ne voudriez pas veiller une heure pour la vision béatifique ? Regardez ces terroristes qui se font exploser pour une fausse religion, et vous ne voudriez pas réparer le petit meuble du salon, comme votre femme vous le demande depuis deux semaines, pour la religion vraie ? » C'est par ce type d'argument que saint Augustin conclut sa critique de la passion romaine de la gloire : « Si la cité terrestre fut tant aimée de ses citoyens pour une gloire humaine, de quel amour devons-nous aimer la patrie d'en haut pour la vie éternelle ! »

7. Ce passage de la gloire humaine à la gloire divine (en tant qu'elle rejaillit sur sa créature) se trouve au cœur de la conversion d'Ignace de Loyola. Après sa blessure à la jambe au siège de Pampelune, son « vain désir de gagner l'honneur » se change en un « très vif élan de servir le Seigneur » et, plus tard, selon l'expression consacrée, d'agir *ad majorem Dei gloriam,* « à la plus grande gloire de Dieu ». S'agit-il d'une rupture ? On a plutôt l'impression d'un approfondissement. C'est le même tempérament chevaleresque qui devient simplement plus radical. Ignace remonte au principe et passe de « l'exercice des armes » aux « exercices spirituels ».

Une reprise de l'argument *a fortiori* le laisse clairement entendre dans une lettre aux scolastiques de Coïmbra : « Que chacun de vous ait devant les yeux, pour s'exciter à mieux faire, ceux qui lui paraissent, non pas les moins bons, mais les plus ardents et les plus généreux. [...] Rougissez que les fils du siècle courent à la mort plus vite que vous à la vie. Estimez-vous peu [...] si un soldat, pour l'honneur de vaincre et l'espoir du butin, combat avec plus de valeur que vous pour remporter sur le monde, le démon et vous-même, ce triomphe au bout duquel est le royaume de la gloire éternelle. Donc, pour l'amour de Dieu, ne soyez ni tiède ni lâche[1]. »

Un tel discours est sans doute difficile à entendre en des temps où la lâcheté revêt souvent le déguisement de l'humilité, et la tiédeur porte le masque de l'amour des ennemis. Il nous permet pourtant de franchir l'abîme qui paraissait séparer le désir de la gloire et le temps de Carême. Que demande l'Église le mercredi des Cendres ? De « commencer saintement par une journée de jeûne notre entraînement au combat spirituel ». Or, qu'est-ce qui motive un combat, sinon de vaincre, de remporter la victoire, et, comme l'énonce l'Ange de l'Apocalypse, de recevoir *la couronne de vie* (Ap 2, 10) ?

Dédoublement et redoublement de la gloire : les héros et les poètes

8. Jusqu'ici, comme un mauvais élève impatient de briller, j'ai employé le mot « gloire » sans le définir, ne serait-ce que philosophiquement.

1. Saint Ignace de Loyola, *Lettres spirituelles*, trad. Dudon, Éd. Spes, 1933, p. 134.

Chacun peut donc y aller de ses lauriers en sauce ou de son enseigne nébuleuse, sans que l'on soit réellement plus avancé. Il se pourrait bien, en effet, qu'une telle définition et l'analyse de ses divers éléments nous arrachent aux différents petits problèmes d'humilité que j'ai précédemment relevés, et nous entraînent vers des paradoxes beaucoup plus profonds.

Avant d'aborder cette définition de manière plus formelle, il convient de constater que la gloire, prise en son sens le plus général, implique d'emblée un dédoublement et un redoublement. Bossuet le mentionne justement au moment où son œuvre de prédicateur est couronnée de lauriers, dans son *Discours de réception à l'Académie française*. Il observe avec Cicéron que « la gloire consiste, ou bien à faire des actions qui soient dignes d'êtres écrites, ou bien à composer des écrits qui méritent d'être lus », et il poursuit en affirmant que le cardinal Richelieu, « génie incomparable » et fondateur de l'Académie française, « joignit ces deux choses pour accomplir son ouvrage[1] ».

Il n'y a donc pas qu'une seule espèce de glorieux, il y en a deux. Et ces deux espèces sont celles que découvre Énée lorsqu'il arrive au paradis des Anciens. Il y voit d'une part des « héros

1. Bossuet, *Œuvres oratoires,* t. VI, Desclée de Brouwer, 1923, p. 7.

magnanimes », et d'autre part, encadrant ces héros à droite et à gauche, des poètes « rythmant des chœurs avec leurs pieds et chantant des chansons[1] ». La gloire guerrière et la gloire littéraire, ou, pour le dire avec des termes plus larges, la gloire politique et la gloire poétique, sont deux gloires distinctes, et il ne faudrait pas que la première, celle des actes, pour ainsi dire, nous fasse oublier la seconde, celle des paroles, d'autant plus que c'est par la seconde que l'on peut faire mémoire de la première.

Héros et poètes ne sont pas ici seulement juxtaposés. Ils sont intimement joints dans une communauté naturelle, puisque les uns ne peuvent être sans les autres. Les poètes chantent les exploits des héros, et les héros n'auraient aucune gloire sans la renommée qui leur vient des poètes. La gloire de l'action suppose la gloire de l'œuvre qui la célèbre, mais aussi, plus fondamentalement, elle réclame la richesse et la stabilité de la langue dans laquelle cette œuvre est écrite :

> Car comment peut-on confier des actions immortelles à des langues incertaines et toujours

1. Virgile, *Énéide,* VI, 642-644 : *Pars in gramineis exercent membra palaestris, / contendunt ludo et fulua luctantur harena ; / pars pedibus plaudunt choreas et carmina dicunt.* « Les uns exercent leurs membres sur d'herbeuses palestres / S'affrontent par jeu et luttent dans l'arène couleur fauve / Les autres rythment du pied des chœurs et entonnent des chants. »

> changeantes ; et la nôtre, pouvait-elle promettre l'immortalité, elle dont nous voyions tous les jours passer les beautés, et qui devenait barbare à la France même dans le cours des années ? Quoi donc ? La langue française ne devait-elle jamais espérer de produire des écrits qui pussent plaire à nos descendants, et, pour méditer des ouvrages immortels, fallait-il toujours emprunter le langage de Rome ou d'Athènes ? Qui ne voit qu'il fallait plutôt, pour la gloire de la nation, former la langue française, afin qu'on vît prendre à nos discours un tour plus libre et plus vif dans une phrase qui nous fût plus naturelle, et qu'affranchis de la sujétion d'être toujours de faibles copies, nous puissions aspirer à la gloire et à la beauté des originaux[1] ?

L'Académie française n'a pas pour fin de pinailler sur la grammaire et le vocabulaire, mais de

---

1. Bossuet, *op. cit.,* p. 8. Du Bellay note déjà cette interdépendance entre la gloire d'un peuple et la gloire d'une langue et en fait le fondement de sa *Défense et illustration de la langue française* (chapitre II) : « À ce propos, songeant beaucoup de fois d'où vient que les gestes du peuple romain sont tant célébrés de tout le monde, voire de si long intervalle préférés à ceux de toutes les autres nations ensemble, je ne trouve point plus grande raison que celle-ci : c'est que les Romains ont eu si grande multitude d'écrivains, que la plupart de leurs gestes (pour ne dire pis) par l'espace de tant d'années, ardeur de batailles, vastité d'Italie, incursions d'étrangers, s'est conservée entière jusques à notre temps. Au contraire, les faits des autres nations, singulièrement des Gaulois, avant qu'ils tombassent en la puissance des Français, et les faits des Français mêmes depuis qu'ils ont donné leur nom aux Gaules, ont été si mal recueillis, que nous en avons quasi perdu non seulement la gloire, mais la mémoire. »

garantir une gloire pour les exploits français. Sa mission linguistique est d'abord une mission morale, et même pré-morale, puisqu'une langue pérenne constitue la condition d'un rayonnement historique du bien. La langue même de Bossuet, qui est celle du sermon, s'explique par cette intrication des deux gloires : sa force poétique est toujours celle de la célébration et de l'exhortation. Dans un sermon, la grandeur du style est pour la grandeur des actes, et la grandeur des actes pour la grandeur du style.

Victor Hugo est un des derniers écrivains à avoir eu conscience de cette dépendance mutuelle des héros et des poètes, sa vanité lui ayant sur ce point octroyé une certaine clairvoyance. Dans sa préface aux *Voix intérieures,* il le dit « en passant » : « Dans cette mêlée d'hommes, de doctrines et d'intérêts qui se ruent si violemment tous les jours sur les œuvres qu'il est donné à ce siècle de faire, le poète a une fonction sérieuse. Sans parler même ici de son influence civilisatrice, c'est à lui qu'il appartient d'élever, lorsqu'ils le méritent, les événements politiques à la dignité d'événements historiques[1]. » Les plus belles actions, sans une bouche qui les exaltent, sombreraient inéluctablement dans l'oubli, et

1. Victor Hugo, *Les Chants du crépuscule, Les Voix intérieures, Les Rayons et les Ombres*, Poésie-Gallimard, 1983, p. 132.

verraient leur éclat se faner rapidement. Pour être glorieux, il faut donc vouloir qu'un autre le soit. La gloire du héros exige la gloire du poète, et réciproquement.

9. On pourrait hâtivement en déduire que, au moins dans le temps, la gloire du héros est antérieure à celle du poète. Il y a d'abord l'exploit, puis le chant qui le commémore. Cela supposerait une nette séparation des actes et des paroles, comme si l'homme n'était pas un animal de parole, comme si la parole ne guidait pas, n'enveloppait pas tous ses actes, en tant qu'actes humains. Il est évident qu'Ignace de Loyola fut incité à poser des actes chevaleresques en lisant des romans de chevalerie, et à devenir chevalier de Dieu en lisant la vie du Christ et les vies des saints. Les actes des chevaliers et des saints ont sans doute précédé leur récit, mais c'est le récit qui leur confère leur forme aventureuse : c'est devant l'âtre, durant ces veillées où la grand-mère les raconte, que naît dans le cœur des enfants le désir d'accomplir des actes glorieux. Le pauvre foyer près duquel de grands yeux et de petites oreilles écoutent les belles histoires est la semence de toutes les splendeurs futures. Et s'il faut remonter en arrière, de récit en exploit et d'exploit en récit, on ne peut arriver qu'à un âge mythologique où l'exploit et le récit n'existent que l'un dans l'autre, où le héros et l'aède, le dieu et le verbe, sont inséparablement unis.

Dans un très beau passage du *Seigneur des anneaux,* alors que Sam et Frodo se traînent dans les terres désolées du Mordor et perdent tout espoir, Sam cherche à retrouver courage à travers cette idée fixe : ce qu'ils sont en train de faire constitue une aventure comme dans les livres de son enfance. Dans la mémoire des contes qu'il a entendus petit, il puise la force de devenir grand :

> Tous les grands projets importants, c'est pas pour les gens de mon espèce. N'empêche que je me demande si on finira par nous mettre un jour dans les chansons et les contes. On est dans un de ceux-là en ce moment, c'est bien sûr ; mais je veux dire : le mettre en mots, vous savez, des mots qu'on raconte au coin du feu, ou qu'on lit dans un beau grand livre en lettres rouges et noires, des années et des années après. Et les gens diront : « Racontez-nous l'histoire de Frodo et de l'Anneau ! » Et ils vont dire : « Oui, c'est une de mes histoires préférées. Frodo était très brave, hein, papa ? — Oui, mon garçon, c'était le plus fameux des hobbits, et c'est pas peu dire[1] ! »

Les mots « histoire » et « aventure » ont un double sens : ils désignent soit la suite des faits réels, soit un récit sur ces faits réels ou fictifs. Or, pour nous, c'est le récit qui suscite le réel dans son sens moral. Ce qui invite à faire une grande

1. J. R. R. Tolkien, *Le Seigneur des anneaux,* 2, *Les deux tours,* Livre IV, 8, trad. D. Lauzon, Éd. Christian Bourgois, 2015, p. 384.

chose, c'est de nous dire qu'elle est chantable. Le partage des actions entre celles qui sont louables et celles qui sont blâmables est à prendre dans un sens très concret, qui articule musique et morale. En disant que telle action est « digne de louange », l'exhortation relie le politique au poétique, l'éthique à l'hymnique ; elle suppose que l'action bonne se déploie réellement de manière à entrer dans un hymne, qu'elle est polarisée et s'accomplit dans une parole qui, en la chantant, la ressaisit et lui confère ultimement sa forme d'action glorieuse. Comment en serait-il autrement pour un être dont la vie se caractérise par son pouvoir de narration et de raisonnement ? Comment sa gloire n'aurait-elle pas sa source et son couronnement dans l'unité de la chair et du verbe[1] ?

1. Là se situe la vérité de Proust. On connaît la grande affirmation du *Temps retrouvé :* « La vraie vie, la vie enfin découverte et éclaircie, la seule vie par conséquent réellement vécue, c'est la littérature. Cette vie qui, en un sens, habite à chaque instant chez tous les hommes aussi bien que chez l'artiste. Mais ils ne la voient pas parce qu'ils ne cherchent pas à l'éclaircir. » S'il s'agit de comprendre que l'être ne s'épanouit que dans les lettres, de ne vivre que dans les livres, de ne canoniser que l'artiste et d'adorer son œuvre, nous serions face à une définition assez rigoureuse de l'idolâtrie. Mais on peut interpréter cette affirmation autrement, à partir de l'intuition profonde qui la porte et qui justifie la littérature : la présence la plus réelle ne s'accomplit pas que dans le présent mais aussi dans la mémoire (ainsi des vieux époux dont la présence l'un à l'autre est plus intime que celle plus épidermique des fiancés, parce qu'ils sont là avec tout le poids de leur histoire) ; l'action, si haute soit-elle, ne s'achève que dans son récit, de sorte que même la résurrection du Christ appelle la

10. D'un homme vaniteux, on dit qu'« il se la raconte ». Son arrogance est de vouloir être tout ensemble et le héros qui fait l'acte et le poète qui le chante. Normalement le héros n'est pas poète, le poète n'est pas héros, et cela moins par une insuffisance personnelle que par le manque de temps, du recueillement de l'âme et du recul des années nécessaires pour juger de la vraie valeur. Cette expression – « il se la raconte » – n'en contient pas moins une vérité décisive: il n'y a de gloire que racontée, il n'y a d'acte glorieux que dans l'horizon du chant de louange. Et c'est pourquoi l'on peut dire que la morale d'un peuple se mesure à ses chants. Tant qu'il y aura des chants épiques, il y aura des héros. S'il n'y a plus que des chansons fleur bleue, il ne peut plus y avoir que des midinettes. S'il n'y a plus que du rap urbain, il ne peut plus y avoir que des jeunes des banlieues. Inversement, une société dont le fin mot est la *disruptive innovation,* et non l'héroïcité dont on doit faire mémoire, n'a besoin que de *techno,* de rengaines générées par des machines, et la langue ne peut qu'y être progressivement remplacée par un code fluant et efficace.

Le désir de gloire est si commun, et le dédoublement entre l'acte et sa manifestation lui est

---

parole des témoins, et que toute l'aventure humaine – celle de « tous les hommes » – doit être récapitulée, « découverte et éclaircie », non sur papier bible à la Pléiade, mais dans la louange des bienheureux.

si essentiel, que le dispositif technologique lui-même s'y soumet et prétend en fournir le moyen universel et immédiat. Facebook, Instagram, Snapchat nous fascinent par la possibilité qu'ils offrent de publier notre *story*, d'afficher sans délai les dernières péripéties de notre existence, de faire coïncider le quotidien et le haut fait, jusqu'à les dénaturer l'un et l'autre. Car le dédoublement s'amenuise. Le selfie écrase le visage au lieu de l'auréoler. Le blog interdit la patience du poème. On ne croit plus ni à la vie éternelle ni à la postérité, il faut donc vite, le plus vite, poster sa dernière niaiserie, perdre ses doigts dans le digital, son nom dans son identifiant, sa face dans son profil. Le réseau n'est pas un tamis : au lieu de dégager la pépite, il multiplie les déchets. Sa mémoire toujours plus étendue – qui s'évalue en pétabits – est une mémoire morte, non sélective, qui n'oublie rien, et donc ignore l'inoubliable.

L'aliénation numérique va de pair avec son offre d'autocélébration – une autocélébration préemptée et formatée par les géants de l'Internet, et qui se change dès lors en servitude volontaire. Je ne peux m'empêcher de penser à ce jeune président de la République si pressé d'écrire sa légende au lendemain de son élection. TF1 diffusait le lundi 8 mai 2017 *Les coulisses d'une victoire* : le montage fut fait en hâte le jour même, en y rattachant des images de la soirée festive de la veille, au Louvre, bien évidemment. Mais cette glorification immédiate et fébrile, rendue possible par les derniers moyens de télécommunication, envoie un signe contraire à son bruyant signal. Elle est le symptôme que rien de ce qu'on vient de faire ne sera vraiment digne de mémoire, et qu'il faut donc tout de suite meubler ce vide. Le *buzz* est le bourdonnement d'un insecte vite écrasé sous la tapette du temps.

11. La dimension du chant est absolument essentielle à la sainteté. Il suffit de lire les psaumes pour s'en assurer. Il s'agit de *raconter à tous les peuples les merveilles du Seigneur* (Ps 95, 3), dès maintenant et dans les siècles des siècles. Ces exploits-là n'ont pas besoin de nos chants pour être suscités, au contraire, ce sont eux qui appellent nos chants ; mais ces chants, ensuite, nous attirent dans l'imitation des exploits de Dieu, et veulent d'autres chants où nous serons chantés.

Au bout du compte – et du conte –, pour que j'entre dans l'aventure qu'il me donne de courir, il faudrait qu'il y ait un grand recueil poétique où, par-delà la fragilité des langues et la mortalité des peuples, Dieu lui-même puisse écrire notre propre aventure. Ce grand recueil s'appelle le Livre de Vie, qui est un livre vivant, fait de la bouche de tous les bienheureux qui chantent les merveilles de l'Éternel, et donc les merveilles qu'il donne d'accomplir à sa créature.

Durant les dix jours qui séparent Roch Hachana et Yom Kippour – la fête du nouvel an et la fête du grand pardon –, les Juifs se saluent en se disant : « *Chana tova!* – Bonne année ! » Et ils se répondent : « *Tikatev!* – Sois inscrit ! » Les meilleurs vœux se ramènent au souhait en même temps qu'à l'impératif d'être inscrit dans le Livre de Vie – ce qui exauce en le surpassant le vœu de Sam Gamegie, que sa quête avec Frodo soit un jour lue dans un « grand beau livre en lettres rouges et noires », et qui l'entraîne justement à poursuivre cette quête, même au cœur des ténèbres.

Ces dix jours entre Roch Hachana et Kippour ne sont d'ailleurs pas sans correspondre aux quarante jours du Carême. On les appelle en hébreu les *yamim noraïm,* les « jours redoutables ». Il s'agit d'y faire pénitence, de retourner à Dieu. Mais ce retour n'aurait pas d'élan s'il ne se plaçait sous le signe de ce qui se chante. Encore une fois, c'est ce signe qui révèle en nous un poids de gloire et nous appelle à accomplir des actions qui méritent d'être chantées.

12. Ce dédoublement de la gloire en gloire des héros et gloire des poètes, ou gloire du saint et gloire du psalmiste, est donc aussi un redoublement de la gloire. Ce n'est pas seulement

que la gloire de la parole redouble la gloire de l'acte, en la communiquant et en suscitant d'autres actes analogues. C'est aussi que la gloire de la parole appelle d'autres paroles qui lui rendent gloire.

Le héros a besoin du poète, et réciproquement, mais le poète a besoin d'autres poètes, qui nous invitent à l'écouter. Hugo chante Dante qui chante Virgile qui chante Homère. Et le lecteur ou le témoin qui ne se sent pas d'écrire un poème reste toujours capable de ce qui constitue le fond de la poésie – faire un éloge, dire l'ineffable, entrer dans la louange même s'il ne parvient à rien de mieux que de déclarer : « C'est trop stylé », avec un sincère tremblement de sa voix.

De ce dédoublement de la gloire en celle des héros et des poètes et de son redoublement, de héros en héros et de poète en poète, je dois conclure que ma gloire dépend toujours de la gloire d'un autre, aussi bien en amont qu'en aval. C'est la gloire chantée d'un premier glorieux qui me fait aspirer aux bonnes et grandes actions, et c'est la gloire de celui qui chantera mes propres hauts faits qui seule peut m'assurer la gloire. La logique de la gloire implique toujours en elle-même humilité et générosité. Humilité, parce que je reçois toujours d'un autre ma propre gloire.

Générosité, parce que ma propre gloire réclame que d'autres soient glorieux.

Clara cum laude notitia de bono alicujus : les paradoxes d'une définition classique

13. Après avoir abordé ce dédoublement et redoublement qui appartient à la structure dynamique de la gloire, nous pouvons analyser les éléments de sa définition classique, celle qui commence avec Cicéron, continue avec saint Ambroise et se déploie avec saint Thomas. La gloire est *clara cum laude notitia,* une « connaissance claire accompagnée de louange[1] », à quoi l'on ajoute ordinairement que cette connaissance est *de bono alicujus,* « du bien accompli par quelqu'un ».

De prime abord se distinguent deux éléments principaux : une gloire dite *objective*, qui correspond au bien lui-même, à l'exploit qui de soi appelle la louange, et une gloire dite *formelle*, qui correspond à la connaissance claire de cet exploit comme tel (nous avons déjà considéré l'entrelacs de ces deux éléments à travers la communauté des héros et des poètes). Si les scolastiques n'opposent

1. *Somme de théologie*, IIa-IIae, qu. 103, art. 3, ad 3. Saint Thomas d'Aquin attribue cette définition à saint Ambroise, mais nous ne la retrouvons que dans l'œuvre de son disciple, saint Augustin, *Contra Maximinum*, II, 13.

pas ici l'objectif et le subjectif (le bien louable en lui-même et la louange que lui octroie un sujet qui en a connaissance), mais l'objectif et le formel, c'est que la gloire n'est pleinement elle-même, n'atteint sa forme achevée, qu'à travers son rayonnement dans le témoin qui *rend gloire.* La gloire n'est pas tant le bien en lui-même, ni l'honneur ou la louange comme tels, mais « l'effet de l'honneur et de la louange[1] ».

Je peux avoir réalisé une très grande chose, cette chose n'est glorieuse que par le halo qui l'entoure, et qui est sa réverbération à travers d'autres personnes. La lumière n'a de gloire que si elle passe en quelque sorte du visible à l'audible : il faut qu'un œil en soit ébloui et qu'une bouche s'entrouvre pour faire part de cet éblouissement. Qui dit gloire dit l'écho d'un éclat, et l'éclat de cet écho. C'est une extériorité qui sollicite une intériorité dont l'hymne rejaillit à l'extérieur sous forme d'aura.

14. Ce formel de la gloire éclaircit l'un des grands glissements sémantiques de la langue grecque. En grec biblique, depuis la Septante, le mot « gloire » se dit *doxa.* Or *doxa* signifie d'abord « opinion », comme le français récent l'a lui-même retenu. Par quel prodige a-t-on glissé de l'opinion à la gloire ? Comment ce qui aux yeux de Platon

1. *Ibid.*

n'est pas encore la vérité, mais son reflet et souvent moins une lueur qu'un leurre, peut-il correspondre à la splendeur de la vérité ?

L'explication la plus courante est dans le passage de l'opinion sur quelque chose à l'opinion sur quelqu'un. En tant qu'opinion sur quelqu'un, la *doxa* renvoie à la réputation ou à la notoriété. Cette explication ne va toutefois pas assez loin. Si l'on revient au sens littéral du terme, le mot *doxa* désigne « ce qui semble », « ce qui apparaît ». Or ce qui apparaît peut être pris en tant qu'apparence (il m'apparaît que…) ou en tant qu'apparition (cela apparaît). « À ce qu'il paraît », c'est l'opinion, mais c'est aussi le surgissement, comme lorsque paraît l'enfant par qui se renouvelle le monde. L'apparence peut être trompeuse, l'apparition est toujours généreuse : c'est l'être qui se livre à l'autre pour en être estimé. Je peux bien me présenter sous un aspect avantageux, mais, iraisje jusqu'à la duperie, que je dépendrais encore de ma dupe, et que, trompant sa connaissance, j'attendrais encore d'elle une reconnaissance.

Le paraître n'est pas essentiellement *ce qui s'écarte de l'être mais ce qui espère de l'autre.* La vérité ne dépend certes pas de l'opinion, mais elle ne saurait la mépriser sans se fausser elle-même. Pourquoi la prêcherait-on autrement ? Et comment se réjouirait-on de laisser son prochain dans l'erreur ou le mensonge ? Loin de mépriser l'opinion, la vérité s'y livre. Elle s'expose à la méprise et au mépris en s'efforçant d'entrer dans l'opinion commune, de rejoindre le peuple plutôt que de se réserver à une petite élite de savants. Le plus glorieux serait en ce sens celui qui serait glorifié même par le moucheron, ou le grain de poussière. À la limite, celui qui court après la gloriole est meilleur que celui qui dédaigne tout public : il accorde encore aux pauvres gens un pouvoir de jugement.

15. La gloire contient des paradoxes, et je vais en aligner quelques-uns, mais le *para-doxal* en lui-même, ainsi que l'étymologie peut le laisser entendre, est ce qui tourne autour de la gloire. Le paradoxe, en effet, n'est pas tant ce qui va contre le bon sens, comme un certain snobisme intellectuel aime à le prétendre, que ce qui concerne toute espèce de débordement d'intelligibilité.

Le bon sens appelle un chat un chat. Dire qu'un chat, en fait, n'est pas un chat, mais un chien, ou une « construction normative », ne relève pas du paradoxe, mais de la pédanterie. Ce qui relève du paradoxe, c'est qu'un chat en étant un chat n'en est pas moins une énigme à laquelle on donne sa langue. Pourquoi des chats qui ronronnent au milieu de l'immensité glacée de l'univers ? Le paradoxe ne va pas contre les apparences, il est même plus proche de la tautologie que de la contradiction : il admet que les apparences, dans leur évidence même, apparaissent – c'est-à-dire se présentent à partir d'un fond qui reste mystérieux.

Le paradoxe général de la gloire, avant tout paradoxe particulier, tient à ce que nous venons de distinguer à propos de ce qui la constitue formellement. Le second y passe avant le premier, ou, pour le dire avec plus de politesse, le premier dit au second : « Après vous. » Le glorieux, qui possède une certaine primauté, n'est glorieux que par un second qui le reconnaît. Sa révélation exige des témoins. Il leur demande : *D'après vous, qui suis-je ?* Et c'est par leur témoignage que s'étend sa renommée, comme un soleil qui rayonnerait à partir de ce qu'il éclaire. Celui qui n'a pas la gloire est celui qui la rend. Mais comment rendre quelque chose que l'on n'aurait pas reçu ? Et celui qui a la gloire est celui qui la trouve en un autre, selon une paradoxale – proprement para-doxale – secondarité du glorieux. Il est le premier, mais, pour être reconnu comme tel, il doit seconder le second, afin que celui-ci le glorifie.

16. Cela nous conduit au premier élément de notre définition : *clara cum laude notitia* de *bono alicuius*. Ce bien n'est pas n'importe quel bien, mais celui qui provoque à chanter. En première analyse, il s'agit d'un bien exceptionnel, qui n'est donc pas le simple résultat de la force d'un individu. Ce bien ne doit cependant pas non plus être

complètement en dehors de ses capacités – sans quoi ou bien son désir de gloire ne serait plus qu'une présomption aveugle, ou bien l'exploit, dont il n'aura été que l'occasion, ne lui serait imputable d'aucune manière. Le bien exceptionnel doit être profondément en lui sans être seulement de lui. Il s'y est disposé, mais il n'en dispose pas, et ne saurait l'imposer.

C'est pourquoi ce bien doit relever *à la fois d'une certaine ascèse et d'une certaine grâce*. Il s'apparente à un don que les dieux font à quelqu'un qui ne le mérite peut-être pas, mais qui n'a pas non plus démérité complètement. Toute la lyre de Pindare est accordée à cette pensée. Le grand poète grec a toujours chanté les prouesses des athlètes aux différents jeux – olympiques, pythiques ou néméens. Pourquoi la célébration de l'athlète se change-t-elle toujours chez lui en célébration des dieux ? Parce que l'ascendant de l'athlète a une ascendance. Son don vient de plus loin que lui, et sa victoire n'est pas la simple conséquence de sa forme ou de son entraînement, mais un événement porté par une certaine providence. Pindare le proclame dans sa huitième pythique :

> La victoire ne dépend pas des hommes, c'est la divinité qui la donne. Tantôt elle lance et élève l'un, tantôt elle rabaisse l'autre[...]. La fortune des mortels grandit en un instant ; un instant suffit pour

> qu'elle tombe à terre, renversée par une sentence inflexible. Éphémères ! Qu'est chacun de nous ? Que n'est-il pas ? L'homme est le rêve d'une ombre[1].

Il peut paraître étonnant que la glorification d'un athlète aboutisse à le comparer à une ombre. Mais il en va toujours ainsi. Rien ne rend plus humble que la victoire. Le buteur sait qu'il n'est pas l'auteur de la « passe décisive » et qu'il eût suffi d'un rien pour que son tir rebondisse sur le poteau ou soit arrêté par le gardien ; alors il tombe à genoux, fait le signe de croix, disparaît sous la grappe de ses coéquipiers. Quand un homme lucide se trouve propulsé en position d'autorité, il ne manque jamais d'éprouver une espèce de sentiment d'imposture. Quand un vrai héros triomphe au milieu des périls, il sait que cela n'a pas entièrement dépendu de lui, qu'il est le bénéficiaire de la fortune, du destin ou de la grâce. La lumière plus forte qui l'éclaire projette un peu mieux son ombre. Plus il est élevé, plus il éprouve la main qui l'élève, plus il a l'impression que par lui-même il n'est pas grand-chose, mais le récipient de bénédictions anciennes et nouvelles.

Se retrouve ici la bascule entre élévation et abaissement que contient le célèbre avertissement de Jésus : *Quiconque s'élèvera sera abaissé, et quiconque*

1. Traduction d'A.-J. Festugière, o.p., dans *La sainteté,* PUF, 1942, p. 53, petit livre qui contient des pages remarquables sur le « héros grec ».

s'abaissera sera élevé (Mt 23, 12). Cette bascule n'est peut-être pas à prendre d'abord dans un sens successif et pénal – selon la représentation courante d'un juste juge qui abaisse celui qui s'est élevé orgueilleusement, par blâme, ou qui élève celui qui s'est abaissé humblement, par récompense. Le retournement se joue dans l'être créé lui-même, dans l'instant même de son couronnement : l'élévation au-dessus des autres nous abaisse, parce qu'on sait que cette élévation est un don qui vient d'en haut et d'avant – de la grâce et de la race – et qu'elle dépasse nos mérites. Thomas d'Aquin le résume en ces termes limpides : « Ce qui rend un homme supérieur, l'homme ne l'a pas de lui-même, mais c'est quelque chose de divin en lui. Et c'est pourquoi l'honneur ne doit pas principalement lui revenir, mais revenir à Dieu[1]. »

17. Ce premier paradoxe nous permet d'en comprendre un autre. Le théologien affirme à la suite d'Aristote que celui qui a une grande âme, se vouant aux grandes choses – le magnanime (de *magna anima*) –, emploie souvent l'*ironie*[2]. On ne s'attendait pas à cela. L'amoureux de la gloire nous apparaît plutôt comme un type très « premier degré », fonçant vers les conquêtes,

1. *Somme de théologie,* IIa-IIæ, qu. 131, art. 1, corpus.
2. *Ibid.,* qu. 129, art. 3, ad quintum.

endurci par l'esprit de sérieux. Comment serait-il ironique ? Comment penser même – puisque le magnanime par excellence, pour Thomas d'Aquin, c'est la Vierge qui chante le Magnificat – qu'il existe une ironie mariale ? Ce qui précède nous le laisse entrevoir : celle qui est élevée au-dessus des anges reconnaît au même instant que le *Seigneur a jeté les yeux sur l'abjection de sa servante*, et qu'elle bénéficie de *la promesse faite à nos pères, en faveur d'Abraham et de sa race à jamais* (Lc 1, 48 et 55). L'athlète triomphant, selon Pindare, éprouve en même temps qu'il est « le rêve d'une ombre ». Marie bénie entre toutes les femmes, selon saint Luc, éprouve en même temps qu'elle est une servante et une héritière indigne.

L'ironie n'est pas ici une simple figure de style ni une tournure caustique de l'esprit. À dire vrai, le magnanime n'est pas ironique, il est ironie. Son être même se fonde sur le fait que sa gloire présuppose son vide, sa réceptivité à un don vertical. Plus on l'honore à juste titre, plus il sait que cet honneur revient d'abord à un autre, et non seulement à Dieu, mais aussi à la contingence (qui est peut-être un autre nom du Dieu des rencontres), à ceux que la providence a mis à sa racine puis à ceux qu'elle a mis sur son chemin, qui l'ont soutenu jusqu'ici et sans lesquels il ne serait rien.

On l'applaudit, et ce sont autant de gifles, parce qu'il sait qu'il ne dispose pas de sa prouesse comme d'une propriété, et que les gens se trompent sur sa faculté de la reproduire à volonté (ces mêmes gens demain lui jetteront l'opprobre pour n'avoir pas réussi son miracle comme hier). On lui dit: « Vous êtes quelqu'un de merveilleux », et il se sent comme une cruche, qui a déjà versé tout son contenu dans son œuvre. Et c'est pourquoi il répond: « Oui, c'est merveilleux, une cruche, et je dois spécialement remercier tous ceux qui m'ont traumatisé dans mon enfance, surtout mes frères qui m'ont vendu, sans lesquels je ne serais pas parvenu à cette position. D'ailleurs pourquoi est-ce moi qui suis vivant pour recevoir vos éloges, et non mon ami de jeunesse, qui est mort du sida parce qu'il avait couché avec une prostituée haïtienne que j'aurais pu aussi bien étreindre, si j'avais été moins timide? » Le magnanime est ironique parce que son âme est assez grande pour accueillir toute l'ironie du sort.

18. La médaille a un revers. Le revers de la grâce à l'origine de ce bien exceptionnel qui appelle la gloire, c'est le péril. Le prétendant à l'acte héroïque et glorieux doit être *vulnérable*. On connaît cet alexandrin de Corneille passé en proverbe: « À vaincre sans péril, on triomphe sans gloire. » Or le péril ne peut être encouru par un être qui n'a aucune possibilité d'être blessé, que ce soit physiquement ou moralement.

La médaille ne se pique pas sur un blindage. Un héros invulnérable est plutôt un bulldozer qui écrase tout et ne nous touche en rien. Pour qu'il puisse y avoir des *aventures de Superman*, il faut qu'il y ait soit de la kryptonite soit Loïs Lane. La pierre qui vient de Krypton, sa planète d'origine, abolit ses super-pouvoirs et le rend à la vulnérabilité commune, apte à être torturé par Lex Luthor, le super-vilain. L'amour de Loïs Lane fait beaucoup mieux, car notre plus grande vulnérabilité se trouve moins en nous que dans ceux que nous aimons. Les balles ne ricocheront pas sur la poitrine de Loïs, ou plutôt, en s'y enfonçant, elles atteindront Superman par un affectif ricochet. Il suffit que le super-vilain enlève et fasse souffrir cette femme ordinaire pour qu'il atteigne le super-héros au cœur. Et c'est à ce moment-là que Superman nous intéresse, c'est alors que nous percevons qu'il entre dans une véritable aventure. Sa gloire dépend de sa capacité à porter une croix.

Le chevaleresque est pris dans ce paradoxe. D'un côté, le chevalier doit vaincre, et donc être la plus implacable arme de guerre. De l'autre, le chevalier doit avoir assez de cœur pour exposer sa vie, et donc courir un beau risque. C'est du reste cette exposition qui peut désarmer son adversaire et l'inviter à une paix plus haute que la résolution du conflit d'intérêts. L'adversaire peut être ébloui par une gloire qui n'est pas le reflet au soleil d'une cuirasse sans défaut, mais l'éclat d'une vaillance qui va au-delà de toute pusillanimité (le pusillanime est l'opposé du magnanime). Contrairement au combattant chevaleresque, un drone qui frappe infailliblement échoue à dépasser le rapport des forces physiques. Il gagne tout sauf l'honneur. L'armement sans faille – ou sans humanité – peut terrasser l'ennemi, il ne peut forcer son admiration. Il triomphe sans gloire, parce qu'aucune vulnérabilité n'est de mise, et pour cette raison il ne parvient qu'à favoriser l'amertume, à relancer la guerre dans une montée aux extrêmes. Il n'y a pas d'épopée des drones, seulement un rapport de performance, et de performance aboutissant à la destruction de toute chair.

19. À cette vulnérabilité doit s'ajouter une certaine *simplicité*. La chose est répétée par les sages de diverses traditions : les honneurs se dérobent à celui qui leur court après. Ce n'est pas seulement que celui qui court après les honneurs trahit une enflure ou une obséquiosité qui le rend particulièrement répugnant : à me voir tirer une langue pleine de salive devant les lauriers, on est moins disposé à m'en ceindre le front qu'à me les faire brouter. Il est un autre problème, plus fondamental, à savoir que ma poursuite des grands travaux et des grands périls peut constituer une fuite devant les exigences du quotidien.

Pour être un Hercule, il faut fuir l'ordinaire et combattre des monstres. Avoir des ambitions herculéennes rend par conséquent complice de la monstruosité. Au point de vue chrétien, où le travail d'Hercule est d'aimer ses ennemis, il s'agirait de m'efforcer de me faire des ennemis afin d'opérer une extension du domaine de l'amour. Et comme mes travaux doivent avoir un caractère exceptionnel, je m'ingénierais à exercer ma charité au fin fond de l'Amazonie, afin de ne pas tomber dans l'ordinaire d'avoir à visiter ma vieille maman que j'ai soigneusement abandonnée dans un EHPAD de la banlieue parisienne.

Pindare s'écrie dans sa première olympique : « Et puisqu'il faut mourir, qui voudrait, assis dans un recoin obscur, consommer vainement une vieillesse inglorieuse, sans avoir eu nulle part aux grands et beaux exploits[1] ? » La question se pose vraiment, mais sans que la réponse soit si évidente. Le bon combat n'est pas pour se soustraire à la paix de la maison, mais pour la défendre. Certains vont affronter des dragons parce qu'ils ne peuvent rester une minute à converser avec leur belle-mère. D'autres accomplissent des œuvres colossales parce qu'ils ne savent pas jouer avec un enfant, ou qu'ils refusent de se retrouver face aux complications relationnelles de leur adolescent

1. A.-J. Festugière, *op. cit.*, p. 33.

boutonneux et ingrat. La grande aventure peut aisément m'être un prétexte pour fuir le domicile conjugal, et donc pour fuir une aventure plus intime, où les casseroles peuvent faire plus mal que les épées, parce qu'elles vous frappent à l'endroit même de votre amour.

Les héros principaux de Tolkien sont des hobbits, c'est-à-dire des semi-hommes pour lesquels il n'y a rien de plus beau que de boire une bière ou fumer la pipe entre amis, danser avec sa femme à la fête du village, raconter une histoire à ses enfants, cultiver son potager et faire des gâteaux. Leur propose-t-on une grande aventure qu'ils se défendent : « Nous sommes des gens simples et tranquilles, et nous n'avons que faire d'aventures. Ce ne sont que de vilaines choses, des sources d'ennuis et de désagréments ! Elles vous mettent en retard pour le dîner ! Je ne vois vraiment pas le plaisir que l'on peut y trouver[1]... » Comment la préférence du confort domestique peut-elle constituer la base de la véritable héroïcité ? Tolkien s'en explique dans une lettre à W. H. Auden : « *Nolo heroizari* est, bien entendu, un aussi bon début pour un héros que *nolo episcopari* pour un évêque[2]. » Cette idée que ne pas vouloir être évêque est un bon point de départ

1. J. R. R. Tolkien, *Le Hobbit,* trad. Francis Ledoux, Éd. Christian Bourgeois, 2002, chap. I.
2. Id., *Lettres,* 163, trad. D. Martin et V. Ferré, Pocket, 2013, p. 415.

pour le devenir rejoint un célèbre paradoxe de Platon : les meilleurs gouvernants se trouvent toujours parmi des sages qui n'ont pas envie de l'être. Le bon héros se rencontre de même parmi ceux qui n'ont pas envie d'héroïser. Pour lui l'aventure n'est pas un programme, ce qui serait contradictoire : elle lui advient, presque malgré lui.

Thomas d'Aquin observe qu'« un acte peut être grand de deux façons : relativement ou absolument. Relativement, par l'usage excellent d'une chose petite ou médiocre ; absolument, par le meilleur usage de ce qu'il y a de meilleur[1] ». Il faut d'abord noter que la grandeur de l'acte lui est intrinsèque : elle ne loge pas principalement dans la grandeur des choses, mais dans l'excellence de l'usage qu'on en fait. La couturière est plus grande, qui manie bien l'aiguille, que le porte-enseigne, qui cochonne l'étendard. Ensuite se pose la distinction du relatif et de l'absolu : absolument parlant, il y a la grandeur dans les grandes batailles, et, relativement, la grandeur de préparer des raviolis avec un grand amour (encore que, sous le règne de Buitoni, farcir soi-même ses raviolis appartienne désormais au domaine des grandes batailles). De ce point de vue, on peut se demander si ces deux grandeurs ne sont pas souvent dans des rapports de proportion inverse : on peut suspecter celui

1. *Somme de théologie,* IIa-IIæ, qu. 129, art. 1, resp.

qui cherche les grandes choses d'avoir perdu la grande manière de faire les petites. Quoi qu'il en soit, le mystère de l'Incarnation correspond aux épousailles de la gloire et du quotidien, et le Ressuscité ne trouve rien de plus glorieux à faire, finalement, que de rassembler ses disciples autour d'une table, afin de leur commenter les Écritures et de leur partager le pain et le vin, comme un père de famille un soir de chabbat.

20. Si l'on revient à la définition classique de la gloire, le bien qui provoque la louange suppose d'être connu clairement par d'autres. Quel est le sens de cette clarté ? Dépend-elle du nombre ? Tite-Live affirme qu'« il n'y a pas de gloire vis-à-vis d'un seul[1] ». La gloire suppose une foule nombreuse de *supporters* qui s'étend à travers l'espace et le temps. Mais si ces *supporters* sont des imbéciles ? Au royaume des aveugles, le borgne est roi, aussi n'est-il pas rare que l'on prétende trouver une claire reconnaissance parmi des personnes qui ont les yeux crevés.

Il y va donc *moins du nombre que de la valeur*, de la quantité que de la qualité des suffrages. L'écho d'un seul sage m'octroie plus d'honneur que les éloges d'une multitude d'ignares. Saint

1. *Histoire romaine,* lib. XXII, cap. XXXIX, cité par Thomas d'Aquin, *op. cit.,* qu. 132, art. 1, resp.

Paul va même jusqu'à dire contre les ovations d'une plèbe facile à hypnotiser et à faire passer du hourrah au tollé: *Ce qui fait notre gloire, c'est le témoignage de notre conscience, que nous nous sommes conduits dans le monde, et surtout à votre égard, avec sainteté et pureté devant Dieu, non point avec une sagesse charnelle, mais avec la grâce de Dieu* (2 Co 1, 12). Les tapageuses acclamations du grand nombre peuvent être une manière d'étouffer les reproches de ma conscience, qui ne s'entendent que dans le silence. La clarté peut donc être obscure, jusqu'à rejoindre la nuit de la foi. Si c'est devant ma conscience et devant Dieu que je reçois ultimement ma gloire, je ne peux recevoir cette gloire que dans une intériorité et un abandon.

On peut encore compléter Tite-Live en répétant contre le prestige des réseaux sociaux que, s'il n'y a pas de gloire donnée par un seul (hormis Dieu), il n'y a surtout pas de gloire instantanée. Le retentissement médiatique n'est pas la *clara notitia* dont parle la définition des Anciens. Cette claire connaissance est aussi celle de la durée. Elle est donnée par le fait d'avoir surmonté la fin d'une mode ou même d'une époque, de ne pas être une étoile sur l'ardoise magique des nouveautés. Celui qui cherche la gloire ne doit donc pas se confier au seul génie des disruptions technologiques. Non seulement il doit apprendre à patienter, mais il doit aussi œuvrer pour *transmettre*. Qu'un inventeur souhaite passer à la postérité, et le voilà obligé de préférer les enfants à ses appareils, la tradition à ses innovations, sans quoi il n'y a pour lui ni postérité ni reconnaissance.

21. Dans le même ordre d'idées, mon désir de gloire ne peut que me pousser à avoir devant moi non pas des inférieurs, mais *au moins des égaux, et même des supérieurs.* Je peux montrer un poème à quelqu'un qui n'y connaît rien en poésie, et recevoir sa louange. Mais cette louange ne vaut rien en comparaison de celle d'un maître.

Cicéron fait ce constat : « Dès qu'un homme se sent quelque grandeur dans l'âme, ce qu'il veut surtout, c'est être le premier, et tout seul. » Mais Thomas d'Aquin précise qu'un tel désir de domination exclusive relève du vice de l'ambition, non de la vertu de magnanimité (laquelle correspond au juste désir de gloire, je le rappelle encore, tant ce mot est tombé en désuétude au profit d'une trouble exaltation de l'humilité). Et cela non pas parce que l'ambitieux désire trop de gloire, mais parce qu'il n'en désire pas assez. Il ne s'agit pas de faire place à l'autre en se diminuant, en se faisant petit, mais de comprendre que mon élévation et ma grandeur ne peuvent obtenir de vraie reconnaissance que d'un autre au moins aussi élevé et aussi grand. Si je suis seul tout en haut, de qui pourrais-je recevoir une approbation magistrale ? Une couronne qui descend du ciel m'honore mieux qu'une couronne qui monte de la boue.

Dès lors, je dois moi-même veiller, dans mon aspiration à la gloire, à ce que la boue devienne céleste, à ce que d'autres soient glorieux. Si c'est d'une grâce, d'un don des dieux que je tiens ma gloire (objective), ma gloire (formelle) suppose que je fasse grâce à mon tour, que je communique ma bonté, et même que je veuille pour autrui une bonté plus grande que tout ce que je peux lui communiquer. Il faut en ce sens que le disciple dépasse le maître, car la plus grande gloire du maître est d'être dépassé par ses disciples. Le Christ lui-même ose le dire (Jn 14, 12) : *En vérité, en vérité, je vous le dis, celui qui croit en moi fera aussi les œuvres que je fais, et il en fera de plus grandes.*

22. Au terme de cette méditation, nous nous apercevons que le désir d'une gloire vraie, et non vaine, correspond au mouvement même de la vie qui est reçue et ne devient mienne qu'à condition de fructifier, c'est-à-dire de transmettre cette vie à d'autres. Il est assez significatif que, dans le Décalogue, la gloire apparaisse avec le seul commandement entièrement positif (les autres ont toujours la tournure négative de l'interdit, à l'exception peut-être du chabbat, dont le *Tu ne feras pas d'ouvrage le septième jour* est englobé par *Observe*

le jour du repos) – un commandement qui, en passant de l'origine divine à l'origine humaine, constitue la charnière entre les devoirs envers Dieu et les devoirs envers le prochain : *Honore ton père et ta mère afin que se prolongent tes jours sur la terre que le Seigneur ton Dieu te donne* (Ex 20, 12).

« Honore » – *kabbed* – équivaut plus littéralement à « glorifie » ; quant à la « terre » où l'on obtient longueur de jours, il s'agit de l'*adamah*, cette glaise avec la poussière de laquelle fut modelé Adam (Gn 2, 7), matière première de toute fécondité, pétrie par l'Éternel en personne. Dans un poème tardif, Michel Deguy, se faisant le porte-parole d'un grand nombre, affirme que *Tu ne tueras point* est « le premier et le dernier / Et le seul commandement[1] ». L'affirmation est belle, mais d'un moralisme mortifère. Car comment admettre que tuer est mal, si l'on ne reconnaît pas d'abord que la vie est bonne ? Et comment reconnaître que la vie est bonne, si l'on ne glorifie pas son père et sa mère ? Car il ne s'agit pas d'aimer la « Vie », abstraction romantique, concept philosophique ou slogan publicitaire, au nom de quoi l'on peut détruire ou réduire des vivants jugés imparfaits, mais cette vie concrète que j'ai reçue de Bernard et Danielle Hadjadj, qui l'ont

1. Michel Deguy, *Comme si Comme ça. Poèmes 1980-2007*, Poésie-Gallimard, 2012, p. 432.

eux-mêmes reçue respectivement de Jules Hadjadj et Zizette Naccache, et d'Émile Gozlan et Paule-Lucienne Benhamou. Si, dans les dix commandements, la glorification concerne *ton père et ta mère* et non d'abord Dieu, c'est précisément parce que le don de Dieu est à accueillir dans sa réalité historique, et non selon une verticalité pure, qui permettrait de s'évader de la chair, de la texture de l'*adamah.* Cela veut dire aussi que je ne reçois pleinement le don de la vie qu'en rendant gloire à mes parents, et donc en transmettant la vie à mon tour.

Car que veut dire rendre gloire à mon père et à ma mère ? Leur bâtir un mausolée de marbre ? Les rembourser des sommes dépensées pour mes couches-culottes ? Regarder en arrière avec nostalgie la maison natale pour ne jamais en sortir ? Non, mais suivre leur exemple, et donc ne pas les suivre, mais les quitter et aller de l'avant, engendrer comme eux, avec la même improbable confiance (car la promesse de jours qui se prolongent tient moins à la longévité qu'à l'audace de l'engendrement). Le commandement s'adresse au fils, mais celui-ci peut en déduire que sa propre gloire dépend d'un avenir relancé par ses propres enfants, qui lui feront honneur en se détournant de lui à leur tour, ayant eux aussi à passer le flambeau.

23. Le désir de gloire, on l'aura deviné, rejoint profondément le combat du Carême dans ses trois dimensions de jeûne, de prière et d'aumône. Le jeûne correspond à la vulnérabilité et à la simplicité requise chez le héros qui n'est ni un bloc impassible ni un fuyard devant la frugalité de la vie ordinaire. La prière renvoie à cette humilité du victorieux, qui sait que sa victoire est un don qui excède ses mérites. L'aumône se rapporte à cette générosité et cette communion qui seules permettent d'obtenir une vraie reconnaissance.

C'est la raison pour laquelle la gloire, en même temps que le désir, suscite une *résistance*, laquelle se camoufle aisément sous des protestations d'humilité. Ma gloire requiert ma secondarité à plusieurs titres : secondarité par rapport à un glorieux qui me précède et un glorificateur qui me suit ; secondarité par rapport au péril qu'il me faut courir et la simplicité que je dois garder. À ce rayonnement dans la dépendance, on peut préférer la pénombre de l'autoévaluation. On renonce à la vie de la gloire pour les indicateurs de la performance, les voyants des écrans de contrôle, la conformité à un protocole. On refuse à la fois la secondarité et l'excellence, le fait d'être premier et d'être dernier (puisque l'on n'est premier que par un don et par une reconnaissance qui nous font passer après l'autre), afin d'être seul juge de soi-même, sans avoir à rendre ni à faire grâce.

Au moment même où j'ai prouvé que je n'ai pas les chevilles qui enflent, je découvre que je dois avoir les mains transpercées. Parvenu à ma conclusion, soudain, je me demande si je désire encore la gloire. Attendu qu'elle implique la grâce et la croix, la conversation avec ma belle-mère et la confrontation à une ingrate progéniture, et plus encore la nécessité de vouloir que les autres deviennent mes pairs et mes maîtres pour me décerner une couronne plus merveilleuse, alors, non, vraiment, je ne suis plus très sûr de vouloir être glorieux, et je suis tenté de me draper dans une médiocrité confortable. Il ne me reste plus qu'à compter sur votre intercession et sur la miséricorde de Dieu.

II

Le ciel et la terre sont remplis de ta gloire

Éloge du paon, de la coquette et du caillou

1. Dans la liturgie du Carême, le *Gloria* subsiste, mais comme serti dans le *Sanctus.* Au seuil de la consécration eucharistique, l'assemblée chante : *Pleni sunt cæli et terra gloria tua* – « Les cieux et la terre sont remplis de ta gloire ». Ce chant associe deux versets : l'un de l'Évangile selon saint Luc et l'autre du livre d'Isaïe ; l'un rapportant les acclamations des disciples lors de l'entrée messianique de Jésus à Jérusalem (Lc 19, 38), l'autre les ovations des anges au-dessus du trône du Seigneur l'année de la mort du roi Ozias (Is 6, 3).

Cette précision de date, chez Isaïe, est elle-même prophétique. Elle annonce qu'un autre roi des Juifs va mourir. Et c'est la première question : comment se fait-il que les bénisseurs de celui qui vient au nom du Seigneur vont bientôt le maudire et réclamer sa mort ? Comment une glorification sincère peut-elle dégénérer en assassinat ? Cela nous intéresse, surtout si vous appréciez mon discours et que vous êtes tentés de m'acclamer chaleureusement. Je voudrais pouvoir profiter de vos louanges, mais j'aimerais aussi partir juste avant qu'elles ne se transforment, conformément à l'esprit évangélique, en une furieuse envie de me lapider.

Si toutefois cette envie commence à poindre en vous déjà, je vous prie de retarder encore un peu le moment de me jeter la première pierre. C'est une autre question que je souhaiterais aborder maintenant, une question où il sera justement question des pierres, et il se pourrait que, au terme de notre réflexion, le lapidateur potentiel – sans changer d'avis peut-être à mon sujet – préfère contempler sa pierre plutôt que de s'en servir de projectile. D'après le *Sanctus,* la gloire de Dieu n'est pas qu'au ciel, mais aussi sur la terre, et cette gloire ne s'y trouve pas que rarement, ou partiellement, puisque la terre en est pleine, y compris aux endroits où elle est pleine de cailloux.

2. Il faut d'emblée remarquer que le verset d'Isaïe est un peu différent de celui du *Sanctus* : *Ils se criaient l'un à l'autre ces paroles : « Saint, saint, saint est le Seigneur Sabaot, sa gloire emplit toute la*

terre. » Étrangement, il n'y est pas fait mention des cieux. La gloire de Dieu emplit seulement la terre. Cette lacune perd cependant de son étrangeté sitôt qu'on songe à qui parle ici, à savoir des séraphins. Ce qui stupéfait les séraphins, ce qui provoque leur extase, n'est pas que la gloire divine se trouve au ciel – chose assez normale, surtout pour eux – mais sur la terre, parmi les hommes, au milieu de la bouse et du crottin. Ils s'en ouvriront d'ailleurs à des bergers, la nuit de Noël. Ils entonneront le *Gloria* non pas tant pour informer les gardeurs de mouton que pour soulager leur esprit qui déborde. Isaïe le souligne : *Ils se crient ces paroles l'un à l'autre,* entre anges, et s'ils s'en font les messagers, sans doute est-ce une mission divine, mais cette mission est une exubérance de leur être, parce qu'il leur faut confier leur stupéfaction à des hommes, à cette terre bénéficiaire d'une gloire d'autant plus haute que, quittant son lieu ordinaire, elle a daigné descendre.

On pourrait en inférer que les disciples sont plus éthérés, plus spiritualistes que les anges, en ajoutant que la gloire est d'abord dans les cieux. Mais là, il faut rappeler que ce sont des hommes qui parlent, et souligner que, quand des pharisiens demandent à Jésus de réprimander ses disciples pour leurs acclamations excessives, il leur répond : *Je vous le dis, si eux se taisent, les pierres crieront* (Lc 19, 40). On ne saurait être plus radical. Les cieux sont rajoutés, mais le cri des anges se retrouve désormais dans le silence des pierres (ce qui a de quoi les faire tomber de la main des lapidateurs – à moins que cela ne les arme davantage contre celui qui prononce une parole aussi délirante, car qui serait assez fou pour porter comme un coquillage une pierre à son oreille afin d'y entendre non pas la mer, mais le Père éternel ?). Pour le Christ, et par lui, parce que le Verbe est désormais pétri d'argile, la terre est plus que jamais remplie de la gloire, et les pierres en ont obtenu la dignité de chanter cette gloire au cas où les disciples deviendraient muets.

3. C'est cette gloire des cailloux, mais aussi des plantes et des bêtes sur laquelle je voudrais méditer à présent. Qu'est-ce que cela veut dire ? Au chapitre précédent nous avons réfléchi à la gloire des héros. Mais que devient cette gloire si la terre en est déjà saturée, si la pierre même est glorieuse, non parce qu'elle est un explicite monument à leur mémoire, mais en tant que simple pierre de n'importe quel chemin ? La gloire suppose du relief. Le glorieux se détache en principe du reste, comme une forme claire sur un fond de pénombre. Comment cette distinction pourrait-elle avoir lieu si tout est pris dans la gloire ? La terre étant remplie de la gloire de Dieu, tout visage semble se

perdre dans la lumière, il pâtit de ce qu'en photographie on appelle une surexposition.

Nous avons néanmoins déjà observé que la gloire n'avait pas à se recevoir au détriment des autres : l'exploit de l'un a besoin que l'autre le chante, et la vraie reconnaissance ne peut être obtenue que par des égaux ou des supérieurs. Cela n'implique pas une surexposition dans une lumière écrasante, mais un soleil qui en se levant fait mieux voir la diversité des couleurs et des formes. La gloire peut être partout à condition qu'il y ait des degrés et une interdépendance entre ses porteurs : des contraires qui se changent en contrastes, si bien que les uns et les autres se rehaussent à l'envi.

Il n'est pas nécessairement de rivalité entre le visage et le paysage. La splendeur de l'un sert la splendeur de l'autre, tout en maintenant chacun à sa place. Et ce n'est pas seulement parce que le visage se détache du paysage comme la forme sur le fond, ou qu'il rend le paysage humain, charnel, accessible à notre désir, c'est aussi parce que le paysage, avec ses pierres, ses plantes et ses bêtes, éclaire le visage dans son mystère, qui récapitule toutes choses. Un visage n'est peut-être pas *du* monde, son regard y ouvre peut-être une brèche sur l'infini, mais cet événement a bien lieu *dans* le monde. Sans le contraste et la promesse de l'azur et des collines, de l'ouverture des fleurs et même du mufle des bêtes, il n'éclairerait plus rien, ne serait plus la proue de l'arche qui embarque l'univers.

Le Cantique des cantiques le prouve avec éclat : *Que tu es belle, ma bien-aimée, que tu es belle ! Tes yeux sont des colombes, derrière ton voile, tes cheveux comme un troupeau de chèvres, ondulant sur les pentes du mont Galaad. Tes dents, un troupeau de brebis à tondre qui remontent du bain. Chacune a sa jumelle et nulle n'en est privée. [...] Tes joues, des moitiés de grenades, derrière ton voile. [...] Tes deux seins, deux faons, jumeaux d'une gazelle, qui paissent parmi les lys* (Ct 4, 1-5). Les poètes le savent bien : rendre gloire à la bien-aimée présuppose la gloire de la terre et de l'eau, des grenades et des lis, des gazelles, des brebis et des chèvres. Il faut que la bête soit déjà belle pour que la femme soit *plus belle* encore. L'amour ne se déploie pas sur une île déserte, non seulement parce que les amants ont besoin de se nourrir, mais parce que leur désir est celui d'une beauté assez forte pour se détacher sur fond de beauté. Il exige toute une écologie de la gloire.

4. Plus profondément, et c'est aussi ce que nous aurons à penser, il se peut qu'une gloire divine se trouve en toute chose absolument, et non relativement à autre chose, parce que toute chose est comme en excès sur elle-même, qu'elle

est toujours plus que ce qu'elle est, qu'elle ménage son propre relief.

Cela s'entend particulièrement dans le premier récit de la Création, à travers la distinction entre la parole et la vision de Dieu comme ce qui précède et ce qui suit l'existence de chaque créature selon son espèce. Dieu *dit* que la lumière soit, ou que les eaux grouillent d'un grouillement d'êtres vivants; alors cela *est*; après quoi Dieu *voit* que c'est bon. L'être des créatures se tient entre le dire du Créateur et le voir du Seigneur. Or, chose curieuse, la parole est créatrice, et donc supérieurement active, alors que la vision est passive: c'est comme si la bonté des choses s'imposait à Dieu, comme s'il s'émerveillait de ses œuvres qui s'échappent de ses mains, comme s'il y avait en elles plus que ce qu'il y avait mis. Je dis bien « comme si », parce que si quelque chose échappait à Dieu, ce ne serait pas Dieu… mais il faut aussitôt contrebalancer cette proposition en affirmant que si rien n'échappait à Dieu, comme dans un programme ou un contrôle interdisant toute liberté, ce ne serait pas Dieu non plus. L'acte de création n'est pas une fabrication, et s'il permet par la suite une alliance, c'est qu'il est capable – d'une manière à nous incompréhensible – de produire un vis-à-vis (on trouve malgré tout une analogie de cet excès dans le maçon qui s'assoit et regarde le mur qu'il vient de bâtir avec satisfaction, et plus encore dans le peintre qui contemple sa peinture comme une réalité autonome, qui désormais va sa vie de par le vaste monde, et court même au-devant de nombreux sens, contresens et réinterprétations, signe qu'elle est réussie). Toute *donation* par l'un ne s'achève que dans une *possession* par l'autre ; l'existence *donnée par le Créateur* n'est véritablement donnée que dans la mesure où elle est *possédée par la créature*, exercée en propre, si bien que faisant retour vers le donateur en tant que possession du donataire, le donateur voit son don *autrement*, comme un bien appartenant désormais à celui-ci.

Dieu crée donc la pierre par sa parole, mais quand la pierre, une fois créée, apparaît à sa vue, il y reconnaît une bonté, il en reçoit une gloire. Il y a ici un écart entre l'être et le paraître, mais ce rapport joue à l'inverse de ce que la morale prétend habituellement. D'habitude, en effet, à cause de notre malheureuse expérience du mensonge, on se méfie des apparences, on déclare qu'elles sont trompeuses, on suggère par là qu'il y a moins dans le paraître que dans l'être. Or, ici, on dirait qu'il y a moins dans l'être que dans le paraître, car c'est quand les choses se montrent d'elles-mêmes à Dieu, quand il les voit dans leur apparence même, qu'elles sont bonnes.

La terre est remplie de ta croix

5. La première expérience à partir de laquelle nous sommes entraînés à dire que la gloire de Dieu remplit la terre tient à la diversité incroyable des êtres qui peuplent l'univers. De l'atome à l'étoile, de la couleuvre à la vache, du vermisseau à la reine d'Angleterre, de l'hirondelle à ma femme, des vignes du Valais à l'évêque de Sion, surtout en ce dimanche de *Lætare* où l'évêque paraît en rose, comment ne pas être émerveillé par cet ordre bigarré où la plus large fantaisie se conjugue à la plus haute rigueur ? Saint Paul écrit aux Romains que les païens, bien que dépourvus de la révélation biblique, sont inexcusables de n'avoir pas rendu à Dieu *gloire et actions de grâces*, parce que *ce qu'il a d'invisible depuis la création du monde, son éternelle puissance et sa divinité, se laisse voir à l'intelligence à travers ses œuvres* (Rm 1, 20).

Aussitôt, cependant, surgit l'objection du mal. La beauté de la nature, oui, nous en contemplons les couchers de soleil. Mais la nature est aussi prodigue en tremblements de terre, météorites qui font disparaître les dinosaures, tsunamis qui engloutissent les vacanciers. Parmi ses petites bêtes merveilleuses, on trouve aussi le staphylocoque doré, le bacille de Koch, le virus de la rage, la bactérie portant le joli nom de *Yersinia,* dont on pourrait baptiser sa fille et qui est responsable de la peste, si habile à torturer les divers membres d'une famille avant de les expédier dans l'autre monde. D'ailleurs, tous les vivants sont passibles et mortels, ils naissent pour souffrir et mourir. Comment ne pas accuser « notre mère la Terre » d'être une marâtre ?

Il est pour nous une double expérience du créé : celle de la splendeur et celle de l'horreur. La terre est peut-être remplie de la gloire de Dieu, mais on peut aussi dire que Satan est le *prince de ce monde* (Jn 12, 31), au point que *toute l'assise de la terre en est ébranlée* (Ps 82, 2). Nous sommes face à de l'indécidable. Et la gloire entrevue s'oblitère à nos yeux.

6. Il faut toutefois reconnaître que les deux expériences ne se situent pas sur le même plan. Elles nous placent peut-être dans de l'indécidable au regard de *notre existence*, mais, au regard de *l'être*, elles ne sont ni juxtaposées ni égales. Il y a entre elles une relation d'ordre, où l'une présuppose l'autre, où l'une se fonde sur l'autre, et donc où l'autre est plus foncière, nécessairement. De fait, le mal ne me fait crier, il ne me fait si mal, il ne m'apparaît comme scandaleux et par conséquent anormal, que parce qu'il vient ruiner une bonté première. Il faut que j'aie vu la gloire du moineau friquet pour me désoler de sa disparition de nos campagnes. Si je n'ai pas glorifié l'innocence de l'enfant, je ne peux être horrifié par les

abus qu'il subit. Et si même je ne devine pas le caractère divin du sacerdoce, je ne saurais être autant effaré qu'un prêtre ait commis de tels abus.

Dans une lettre à un ami, le romantique anglais John Keats repousse la gloire des lauriers que sa poésie pourtant lui mérite : « Si j'en avais le choix, je refuserais un couronnement à la manière de Pétrarque – en raison du jour de ma mort, et parce que les femmes ont des cancers[1]. » La poésie ne peut sauver la bien-aimée. Mais cela ne veut pas dire que la création est mauvaise, car le poète et la bien-aimée sont des créatures, et la mort de celui-là comme le cancer de celle-ci ne font ressentir la cruelle impuissance de la poésie que dans la mesure où nous avons auparavant senti la splendeur de leur vie, jusqu'à même, naïfs, la supposer immortelle ou immarcescible.

Le désordre ne m'afflige que si j'ai d'abord perçu la bonté de l'ordre. Et quand je dis « d'abord », cela n'implique pas nécessairement une préséance dans la prise de conscience. Il arrive hélas assez souvent que ce soit au moment de la rupture que nous nous apercevons à quel point nous étions attachés à la personne aimée. Nous sommes si lourds et ingrats que la reconnaissance des bienfaits nous est plus difficile

1. Lettre à Benjamin Bailey du 10 juin 1818, in John Keats, *Lettres,* Belin, 1993, p. 141.

et plus tardive que la lamentation devant les offenses. La préséance n'est donc pas tant dans la claire conscience que dans l'être. La gloire demeure comme le fondement de notre plainte, quand même nous ne nous aviserions pas du sol à partir duquel elle s'élève (ou du ciel vers lequel elle est élevée). C'est ce qui fait dire à Thomas d'Aquin que le mal est « la privation d'une perfection requise » et que, par conséquent, « le mal ne peut exister que dans le bien[1] », de même que la blessure ne peut exister que dans la chair, car sans la bonté de la chair, sur quoi la blessure pourrait-elle mordre ?

7. Cette préséance ne veut pas dire que le mal n'est rien, qu'il est absorbé dans le bien, et qu'il suffit de posséder ces rudiments de métaphysique pour ne plus accuser les cieux ni maudire la terre. Bien au contraire, l'énigme n'en est que plus grande, la déchirure, plus profonde (l'écart entre ce que nous concevons avec certitude dans l'être et ce que nous éprouvons avec douleur dans notre existence). Plus je m'émerveille de la bonté de l'être, plus je souffre du mal qui le ronge. L'émerveillement est principe de martyre : il me fait en même temps rendre témoignage à la beauté de la création, et prendre de plein fouet l'horreur de sa

1. Saint Thomas d'Aquin, *De malo,* qu. 1, art. 2, corpus.

dévastation. Je n'ai plus le droit d'abolir cette tension en me livrant au nihilisme qui déblatère que la vie est en elle-même horrible, ou que Dieu est pervers, ou que la beauté est une simple duperie; et, en même temps, je ne peux pas non plus ne pas hurler, gémir sans y rien comprendre, supplier pour les merveilles qu'on ne cesse de bafouer – que je ne cesse de bafouer jusqu'en moi-même.

Un verset du psaume 65 exprime cette tension insoluble: *Quand je poussais vers lui mon cri, ma bouche faisait déjà sa louange.* Si l'on suit plus littéralement l'hébreu, cela donne: *Vers lui j'ai crié ma bouche, et il a été élevé sous ma langue* (Ps 66, 17). Quand, *sur* ma langue, j'accuse l'Éternel, il n'en est pas moins glorifié *dessous.* D'une part, je ne pourrais pas l'accuser si je n'avais vu dans sa création cette lumière sans laquelle les ténèbres ne trancheraient pas et ne seraient pas obscures; d'autre part, en l'accusant, mon exécration coïncide avec une certaine obsécration, je lui rappelle la bonté foncière de son œuvre, je lui déclare, au nom de cette bonté, qu'il a le devoir de ne pas l'abandonner.

Si la sagesse consiste non pas à se sentir dans un état divin, mais à vivre une relation personnelle avec Dieu, si elle ne vise pas à *aboutir à quelque chose*, mais à *rencontrer quelqu'un*, alors il est normal que la tension ne puisse se résoudre en nous, dans une solution théorique ou dans un isolement tranquille. Le questionnement peut parvenir à une réponse, mais la réponse ne peut être que l'écoute d'un appel, et la question, mûrir en prière. Même le bienheureux, dans sa gloire que le mal ne peut plus blesser, ne saurait trouver de résolution en lui seul, dans une certitude de tête ou une quiétude de cœur : sa sécurité est encore un cri, mais le cri de détresse est devenu cri de joie. Il n'appelle plus le Seigneur à l'aide comme celui que les flots sont encore en train de submerger, mais il l'appelle encore, plus que jamais, la bouche grande ouverte comme une vasque sous le torrent qui la comble et la fait déborder sur d'autres vasques encore.

8. La gloire, telle qu'elle se joue sur la terre, n'est pas la simple beauté indemne, à l'abri de tout mal. Nous l'avons souligné plus haut, commentant le vers de Corneille : « À vaincre sans péril, on triomphe sans gloire. » Le héros est un être vulnérable, sa manifestation comme tel suppose son exposition au danger, à endurer les blessures et la mort même si c'est pour l'accomplissement de la justice.

Le mal n'est donc pas une objection à la gloire qui emplit la terre, si l'on admet les combats que le concept de gloire induit. La fête de la *Croix glorieuse* n'a rien de contradictoire. Dire que la terre est remplie de la gloire de Dieu, c'est dire aussi qu'elle est remplie de sa croix. Ce lien entre la gloire et la croix s'entend mieux dans le terme hébreu *kabod.* Il se traduit communément par « gloire » ou « honneur » mais, à la lettre, il signifie « poids », comme on dirait aujourd'hui : « C'est du lourd. »

Le grec *doxa* a eu tendance à faire entrer la notion de gloire univoquement dans le registre de la lumière. Or ce passage du poids à la clarté, qui est aussi passage de ce qui s'éprouve (dans sa chair) à ce qui se voit (avec ses yeux), n'est pas anodin. La gloire comme poids peut assumer les ténèbres, ce que la gloire comme clarté ne saurait faire. Et là où la gloire comme clarté peut nous laisser dans une position de spectateur, la gloire comme poids nous engage, et peut sur nos épaules peser comme la croix. La Bible parle aussi bien du *kabod* du deuil (Gn 50, 11) ou du *kabod* du joug imposé par un roi (1 R 12, 11), que du *kabod* de la splendeur du règne de Dieu (Ps 145, 12). Lorsque Joseph dit à ses frères : *Annoncez à mon père toute ma gloire en Égypte* (Gn 45, 13), son *kabod,* son poids, est à la fois celui de la richesse et du pouvoir qui en fait le second de Pharaon, mais aussi de l'épreuve traversée depuis qu'il a été jalousé et vendu.

Que la terre soit remplie de la gloire de Dieu, c'est-à-dire de son poids, ne nous met donc pas en position de spectateur charmé. Cette exclamation dit à la fois l'émerveillement et l'épreuve – une légèreté peut-être, mais une légèreté d'haltérophile[1]. Elle nous reconduit à la seule attitude juste, qui est de tenir dans cette tension extrême, de mener le combat où l'aggravation du mal ne nous fait pas abandonner la bonté foncière, sinon ultime, du réel – cette bonté qui nous porte jusqu'à nous apprendre à la porter.

Les formes vivantes : de l'autoconservation à l'automanifestation

9. Il y a quelque chose d'autre que *le mal qui fait mal*, et qui est d'une certaine façon pire que ce

1. C'est un ami, prêtre de San Francisco, mais doctorant à Fribourg, Mark Doherty, qui m'a fait apprécier cette discipline élémentaire, celle d'Atlas sous le ciel et de Jésus sous la Croix. On y combat avec la loi la plus primitive et la plus universelle – la loi de la pesanteur. « La barre ne ment pas », l'ai-je entendu répondre à un frère dominicain stupéfait de l'entendre déclarer sa passion pour l'haltérophilie. Cette parole me fut une illumination (ou une gravidité, pour rester dans le registre juif de la fécondité du poids). Par la suite, nous avons plusieurs fois regardé ensemble le champion du monde de l'*arraché,* le Géorgien Lasha Talakhadze, qui fait le signe de croix trois ou quatre fois avant d'entrer en scène, avant de mettre de la magnésie sur ses paumes, avant de s'emparer du moletage lesté de ses 220 kg, puis qui se signe encore, les yeux vers les hauteurs, après l'exploit : « *Look, it's a ballerina !* » s'écrie Mark devant le colosse au gros bide qui vient d'enlever sa Proserpine de fonte (à moins que ce ne soit le berger qui porte en triomphe son énorme brebis perdue et retrouvée). Que sont les sprinters désormais ? À mes yeux ils pâlissent devant ce souleveur vertical qui accomplit le geste de porter son fardeau dans la pureté du jaillissement – une exclamation de tout l'être. C'est la grâce du *kabod.*

mal évident – quelque chose qui voile entièrement cette double expérience de la gloire répandue sur toute la terre. C'est *l'insignifiance.* Nous avons vu que, comme le bon grain et l'ivraie, la gloire et la blessure ne pouvaient que croître ensemble, la seconde s'appuyant sur la première. L'insignifiance permet de dire qu'il n'y a pas de mal, pas de flétrissure, ce qui pourrait dans un premier temps sembler une consolation, mais elle n'y parvient qu'en disant qu'il n'y a pas de bonté, pas de gloire sur la terre, en dehors des projections de l'homme.

Cette insignifiance est typique d'une vision utilitariste et mécaniciste de la nature où l'on prétend expliquer, selon un principe de finalité minimal, que toutes les formes vivantes ne relèvent que de l'autoconservation. La physique moderne naît avec le principe d'inertie, principe selon lequel les choses ne se déplacent pas selon le dynamisme interne d'une nature attirée par son bien, mais en conservant le mouvement reçu. Ce principe va s'étendre des choses inertes aux êtres animés. À l'appétit du bien, présupposé par l'évidence du mal, on substitue une persistance mécanique, qui arase toutes les réalités, n'associe au principe d'inertie qu'un second principe, celui d'entropie, selon lequel la décomposition est la règle et la composition l'exception, le mal n'étant plus dès lors que la réaction subjective d'un individu qui cherche en vain à se conserver indéfiniment.

Toutes les formes vivantes sont ainsi réduites à des mécanismes exclusivement fonctionnels, la fonction ultime étant de se maintenir dans l'existence. Elles sont apparues par hasard et par sélection naturelle, telle ou telle de leur caractéristique n'a de sens que parce qu'elle lui confère un avantage dans la lutte pour la survie. Selon cette « biologistique » très peu logique et très peu vivante, la forme a pour fondement l'informe, sa spécificité a pour fondement le non-spécifique : la tendance commune à tout être, l'autoconservation. Si l'oursin a des piquants et le chinchilla un doux pelage, si la girafe a un long cou et le ragondin un très court, si le cochon est quadrupède et l'homme bipède et bimane, c'est la même chose, c'est pour la même raison univoque, qui finit par tout niveler au niveau du caillou, et même en dessous du caillou. Car le caillou, du moins, pour subsister, n'a pas besoin de se nourrir, il n'a pas à se préoccuper sans cesse de soi ni à dévorer les autres, ne se sustentant qu'aux dépens de cailloux d'autres espèces. Si la finalité de tout être est l'autoconservation, la forme vivante est une complication aberrante, très inférieure à la simple poussière dont elle n'aurait jamais dû sortir.

Ce n'est pas tellement l'idée de hasard qui fait ici problème : il y a une évidente contingence des vivants, l'existence de la fleur de lotus, du paon bleu ou du crabe yéti ne peut pas se déduire à partir des lois de la physique comme on déduit le théorème de Pythagore du triangle rectangle. Ces espèces auraient pu ne pas apparaître, il y va d'une certaine gratuité, et cette gratuité peut se fonder sur une série de rencontres cosmiques assez improbables. Le problème n'est pas non plus la lutte pour la vie, si cette compétition n'ignore pas une coopération plus fondamentale : la logique de la gloire n'exclut pas une certaine émulation par la concurrence, elle l'inclut même (saint Paul parle des courses du stade, cf. 1 Co 9, 24), dans la mesure où cette concurrence – ce courir-ensemble – suppose une solidarité qui l'enveloppe au départ et à la fin.

Le vrai problème se situe dans cette conception purement utilitariste où tout se réduit à se sauver, à préserver le métabolisme à tout prix. Dans la nature, qu'il s'agisse de la queue du paon, des couleurs de l'ophrys bourdon, des taches de la vache ou des rayures du tigre, toute la variété des motifs se réduirait à l'uniformité de ce mobile : se conserver, une fois de plus, et non pas s'offrir, s'exposer dans une manifestation originale.

10. Pourquoi le merle chante ? Pour se conserver, bien évidemment. Par là il marque son territoire, avertit de la présence d'un prédateur, attire la femelle, actions qui ne visent que la préservation et la reproduction de l'espèce. Pourquoi la sterne

arctique (*sterna paradisea*) a cette capacité de voler au point de parcourir 70 000 km et de connaître deux étés par an ? Pour survivre, bien entendu. Mais on se dit bientôt qu'il y avait peut-être des moyens moins onéreux pour sauver sa peau.

Le merle aurait pu être moins moqueur et, au lieu de ses riches mélodies, envoyer un signal rudimentaire, un bip, comme nos très efficaces appareils technologiques. La sterne aurait pu être plus sédentaire et, au lieu de voler huit mois par année, se contenter des sauts de puce du moineau. Mais non, toute la gloire chatoyante des innombrables formes s'animant sur la terre se ramène au fait monochrome d'essayer bêtement de durer aussi longtemps qu'un rocher.

Cette logique utilitariste s'applique d'ailleurs aussi à la gloire humaine. Pourquoi avoir une grande âme et poser des actions éclatantes ? Pour passer à la postérité, pour durer dans la mémoire, pour finir dans un monument de granit, moins vivant que le plus petit brin d'herbe. Toute cette grandeur obéirait donc à des intentions assez basses, qui se situent encore au niveau du caillou, même si c'est un caillou un peu plus brillant que les autres. La gloire se confondrait avec une très honteuse mesquinerie. Le regard de Méduse, loin d'être une malédiction, serait la bénédiction suprême. Quoi de plus propre à ma glorification que de me changer en statue sur un giratoire, attestant par là ma pérennité au milieu de mortels qui continuent à tourner en rond ?

11. Il est vrai que le chant de l'oiseau lui permet de se conserver. Mais il ne se réduit pas à cela, car la conservation, je l'ai déjà dit, aurait pu passer par des signaux plus basiques. Au reste, si la vie n'avait eu pour but que l'autoconservation, on ne voit pas très bien pourquoi elle serait apparue : le monde minéral réussit beaucoup mieux cette performance. Le philosophe Hans Jonas en fait le constat :

> Le critère de la survie est insuffisant pour l'appréciation de la vie. S'il s'agissait d'assurer la durée, la vie n'aurait même pas dû commencer. Elle est dans son essence un être précaire et périssable, une aventure dans la mortalité et, dans aucune des formes possibles, elle n'est aussi assurée de sa durée que peut l'être un corps inorganique. Ce n'est pas la durée comme telle, mais « la durée de quoi » qui est la question[1].

Autrement dit, il est vrai qu'une forme vivante cherche à durer ; ce qu'elle cherche toutefois n'est pas la durée en soi, mais la durée de sa forme, afin que la gratuité de son apparition originale

1. Hans Jonas, *Le Phénomène de la vie. Vers une biologie philosophique* [1966], trad. D. Lories, De Bœck, 2001, p. 106.

continue d'exister dans le monde. La forme n'est pas pour la conservation, mais la conservation pour la forme. L'oiseau ne chante pas ultimement pour se conserver, mais il se conserve pour chanter, pour voler, pour faire la roue, pour qu'il y ait encore cette épiphanie improbable du merle, de la sterne paradisiaque ou du paon, pour qu'il y ait encore cette espèce, dont l'existence ne relève pas de la nécessité, mais du don.

12. Le mot « espèce » vient du latin *species* qui, avant de désigner une division logique du genre, renvoie à la belle apparence. Le qualificatif de « spécieux », en français, signifie désormais illusoire, captieux, méchamment séduisant, en raison du préjugé dont nous avons déjà parlé, selon lequel les apparences sont toujours trompeuses, et qui nous fait mépriser le paraître et l'extériorité au nom de l'être et de l'intériorité. Mais ce qualificatif était autrefois synonyme de beau. Ainsi, dans son hymne du Carême – l'*Ave Regina cælorum* –, la Vierge est dite *gloriosa super omnes speciosa,* « glorieuse et par-dessus tout spécieuse ».

L'évidence que les bêtes, les plantes, les minéraux existent *selon leur espèce,* exprime une distinction qui n'est pas seulement *logique* et biologique, mais aussi et d'abord *honorifique*, comme on dit de quelqu'un qu'il a de la distinction.

Chacune se manifeste comme un événement, avec sa splendeur propre. Dans l'expérience du spécifique, l'honorifique précède le logique, la gloire vient avant la définition. C'est parce que nous avons été frappés par la singularité rayonnante d'un être que nous cherchons à circonscrire ce qu'il est, à identifier les éléments qui conditionnent sa manifestation propre, à part des autres espèces. Sa distinction phénoménale nous incite à comprendre sa distinction définitionnelle. On cherche à le classer parce qu'*il a de la classe* (même si c'est une classe incongrue, l'élégance du porc-épic n'étant pas celle du guépard ou de la moule). Toute la littérature qui le concerne commence par entrevoir ses lettres de noblesse.

Ici aussi, on peut louer le Père de ce qu'il a révélé aux enfants ce qu'il cache aux savants et aux sages (Lc 10, 21). Car un enfant, lorsqu'il ouvre une encyclopédie de la nature, ou lorsqu'il voit pour la première fois un chien, une poule, une vache, une araignée, éprouve d'abord, devant leur espèce, de la stupeur, un émerveillement mêlé d'effroi, un sentiment tout à fait analogue à celui que suscite, dans la Bible, le surgissement de la gloire. En comparaison de sa maman, quelle chose inimaginable qu'une vache ! En comparaison de papa, quelle chose formidable qu'un cocker anglais ! Comment ça se fait qu'il existe de tels êtres dont la différence éclate à nos yeux ? Le savant s'attache à répondre à cette question, mais il oublie souvent en route que l'appel lui vint de son enchantement de gamin.

13. L'animal qui constitue un cas emblématique d'une apparence qui dépasse l'utilité – ce que les savants appellent un caractère « hypertélique » (au-delà de toute fin utile) –, c'est le paon. Pourquoi une telle débauche de plumes et de couleurs qui restent à jamais le modèle de la revue de music-hall ? À l'évidence, le mâle fait la roue lors de la parade nuptiale, afin d'attirer la femelle, laquelle est donc douée d'un certain sens esthétique. Il ouvre l'éventail de ses vastes plumes vertes, avec leurs ocelles orange, jaune et turquoise, comme autant d'yeux qui vous fixent sur le fond mouvant des tiges et des barbes qui vibrent sous le secouement de son postérieur, et c'est au plus beau de ces éventails hypnotiques que la paonne se livre. Cependant, l'avantage pour la survie est assez douteux. Le paon aurait pu s'en tenir à un bon lâcher de phéromones comme y parvient très bien le cancrelat. À quoi bon cette centaine de plumes uniquement dédiées à la roue, si longues, si lourdes et si voyantes ? Car elles n'en signalent que mieux le paon au prédateur et le handicape pour s'enfuir en prenant son essor.

En public, Charles Darwin paraît très assuré de sa théorie de la sélection naturelle, mais il s'abandonne en privé à ce genre de confidence : « Les plumes de paon, à chaque fois que je les regarde, me rendent malade[1]. » C'est qu'elles ne répondent plus à la logique de l'avantage adaptatif : la traîne de plumes dans lequel le paon se prend les ailes ne semble pas favoriser sa conservation. Pour résoudre ce problème, Darwin s'efforce de compléter sa théorie en insistant sur la sélection sexuelle. Il ne s'agit pas seulement d'être le plus apte à la survie, car l'essentiel est la survie de l'espèce ; il s'agit d'être le meilleur reproducteur. La queue du paon répond à cette nécessité. Celui qui a la plus longue et la plus colorée prouve sa santé débordante. La paonne en est séduite et ils engendrent ensemble de nombreux robustes petits paonneaux, qui ont, pour les femelles, le sens esthétique de leur mère, et, pour les mâles, la radieuse pavane de leur père.

Ces caractéristiques étant sélectionnées s'accentuent au fil des générations pour s'arrêter au point où le plumage devient si lourd qu'il est trop désavantageux (les disciples de Darwin parlent ici d'« emballement fisherien », un certain Ronald Fisher ayant modélisé mathématiquement l'accroissement rapide de la queue jusqu'à son

1. Lettre à Asa Gray du 10 avril 1860.

optimum par rapport à la conservation). Il faut néanmoins ajouter que l'extravagance d'un tel plumage, qui consomme tant d'énergie, prouve que l'animal a assez de vitalité pour ne pas se crisper sur le seul nécessaire et peut généreusement courir vers le superflu (les savants disciples inventent ici la « théorie du handicap », selon laquelle assumer un tel poids – une telle gloire – suggère une force plus grande). Ce surcroît ressortirait à une stratégie qui n'a rien d'un luxe. Par exemple, la gazelle springbok, dans sa fuite, fait des bonds verticaux qui la ralentissent : dans ce mélange de cabrioles et d'entrechats, le désir de danse semble clairement l'emporter sur le besoin de préserver sa gorge. Les tenants de l'utilitarisme ne se laissent pas démonter pour autant. Selon eux, c'est comme si la gazelle disait à la lionne : « Vois de qu'elle dépense extraordinaire je suis capable ! Tu peux toujours courir, c'est la preuve que tu ne m'auras pas de sitôt ! » Et la lionne serait déconcertée, dépitée par ce m'as-tu-vu de la gazelle, ce pied-de-nez (ou ce nez-de-pied) en plein milieu de la mortelle poursuite. De même l'oiseau de Junon serait comparable au prisonnier en cavale qui prendrait le temps de défaire sa ceinture et de montrer ses fesses à la police : devant cette exposition jusqu'au fondement, la police serait découragée.

14. Ce qui ne fait aucun doute, dans toutes ces théories, c'est la dépense extraordinaire des théoriciens, leur débauche d'explications pour en rester à la sécheresse de l'utilitarisme. Ils tiennent à la thèse que l'on tient avant tout à sa peau, et que la raison de la vie n'est autre que la survie (qui est à vrai dire une *sous-vie*, puisque ses ambitions sont d'atteindre à la durabilité du marbre), aussi accumulent-ils les hypothèses comme un monceau qui s'interpose entre eux et la chose même. Un tel effort n'est pas sans rappeler la multiplication des épicycles dans l'astronomie ptoléméenne. Il fallait maintenir le géocentrisme coûte que coûte (mais le géocentrisme avait au moins pour lui le témoignage de nos sens). Aujourd'hui il faut que la roue du paon se réduise à la quadrature de l'utilitaire, parce que cela permet de justifier ma propre pusillanimité, de faire de ma lésine le soubassement de l'être. Aucune de ces hypothèses cependant n'expliquent réellement l'apparition de la queue fastueuse. On peut dire le comment de son chatoiement en décrivant la microstructure de ces plumes qui, selon l'écartement de leurs lamelles, diffractent différemment la lumière. On peut constater que cette roue sert à l'engendrement des femelles les plus raffinées et des mâles les plus flamboyants. On peut même évoquer la genèse de cette splendeur, à partir d'un faisan ou d'une pintade primitive, qui, à force de sélection, au long des siècles, aboutit à

un renforcement des caractères visuels et invente la fantaisie du paon. On peut enfin faire de la gratuité une dépendance de l'utilité, comme au poker la surenchère d'un bluff. Mais à chaque fois on présuppose que le paon existe, et qu'il existe des motifs qui dépassent l'utilité de base.

Le rapport se retourne d'ailleurs aisément : si la gratuité paraît encore utile, n'est-ce pas plutôt parce que l'utile est un caractère secondaire de la gratuité, ou, comme le dit Jacques Dewitte, que « le fonctionnel est une délimitation partielle d'une sphère de gratuité pure (celle du “pur apparaître[1]”) ». Il va de soi que si nous apercevons encore des paons en liberté, c'est qu'ils ont la faculté de survivre, qu'ils sont donc adaptés à leur milieu. Mais cette adaptation de leur forme ne nous permet pas de réduire celle-ci à la dimension utilitaire. La forme du paon n'est pas comme la fome d'un outil : elle n'est pas faite pour survivre comme le tournevis est fait pour tourner des vis. Toutes ses fonctions sont utiles à sa subsistance, mais sa subsistance en tant que paon n'est utile à rien, et c'est cette gratuité qui enveloppe l'utilité, non l'inverse.

Les éthologues pourront toujours démontrer que la queue et le cri du paon rendent de nombreux service à sa conservation, mais ils ne

1. Jacques Dewitte, *La Manifestation de soi. Élément d'une critique philosophique de l'utilitarisme,* La Découverte, 2010, p. 39.

pourront jamais comprendre pourquoi il existe un oiseau qui, pour communiquer, déballe une telle queue et crie comme une mégère acariâtre. Il aurait pu faire « cui cui » comme tout le monde. Pourquoi criaille-t-il « Léon ! Léon ! » ? Il aurait pu s'accommoder d'une robe de pigeon. Pourquoi ouvre-t-il cette arche qui résume le firmament, avec tous ces iris qui nous regardent ?

« Hasard, dira-t-on. — Je le concède, ce hasard étant au moins aussi divin, dans ses effets, que la déesse Fortune. — Gratuité de l'absurde, répliquera-t-on aussi sec. — Peut-être bien. La gratuité de la grâce rend toujours possible cette méprise, car le don ne saurait nous contraindre, il nous laisse libres de ne pas le reconnaître, mais cette ingratitude finit toujours par nous pétrifier. — Si tu inventes cela, cette grâce, c'est parce que tu es un condamné à mort, et tu cherches à te consoler comme tu peux. — C'est bien ce que je disais : l'autoconservation est votre principe explicatif. Tous vos raisonnements y conduisent, mais on ne voit pas pourquoi le raisonnement a pu en sortir, lui qui, en terme d'adaptation, vaut moins que l'instinct, et encore moins que l'inconscience du rocher (le seul nom divin que vous reconnaissez, au fond). — Est-ce que tu ne cherches pas ici à avoir le dernier mot ? — Plutôt l'avant-dernier, ou l'antépénultième. — Est-ce que tu n'as pas dit que tu désirais la gloire ? — … »

15. Nous parlons du paon, or, quand on y réfléchit bien, même la vache ressemble à un animal fabuleux. Un homme qui n'aurait vécu que parmi des licornes serait absolument ébloui par la découverte d'une vache. Un familier des paons serait ému par la petitesse sans roue du moineau friquet. Et cela ne vaut pas que pour les animaux, mais aussi pour les plantes et les pierres.

Le grand zoologue suisse Adolf Portmann le souligne :

> La forme animale dépasse les nécessités élémentaires de la conservation. [...] Il en va de même avec les innombrables modèles de feuilles ; on a beau soutenir l'utilité de leur forme pour l'écoulement de l'eau dans les forêts tropicales ou souligner la disposition en mosaïque des feuilles de nos arbres pour l'absorption de la lumière, on n'a pas expliqué le moins du monde les innombrables variantes que présentent les nervures, les découpures ou les limbes des feuilles, leurs divisions et leurs formations symétriques, tout ce que les plantes nous donnent à voir dans une extrême richesse[1].

On pourrait ajouter que les minéraux eux-mêmes, avec leurs irisations, leurs figures, leurs couleurs, leurs dessins, quartz, pyrite, jaspe, sardoine,

1. Adolf Portmann, *La Forme animale*, *op. cit.*, p. 252 et 261.

émeraude, agate, saphir, que l'on retrouve dans la cité céleste de l'Apocalypse ainsi que sur le pectoral d'Aaron (Ex 28, 15-22), sont aussi « fascination et gloire », comme le dit Roger Caillois, et portent une lumière qui va bien au-delà de ce qui est nécessaire à la matière inerte[1]. Une rose des sables nous fait sentir que le désert même est luxuriant. Et nous pourrions sans mal, avec un cœur un peu plus disponible, être les Petits Poucet de tous les cailloux : n'importe lequel, avec son contour, ses nuances de beige ou de gris, nous fait retrouver le chemin du mystère. Je me souviens qu'enfant, à Puteaux, je pouvais passer des heures à faire l'inventaire du gravier, sur la petite allée de notre maison (c'était avant que je ne sois happé par la console Atari et les premiers jeux vidéo).

16. Voilà pourquoi le zoologue peut écrire en toute rigueur contemplative : « Avant toute fonction au service de la conservation de l'individu ou de l'espèce, au service de tâches sociales ou pour se défendre contre des ennemis, avant toutes ces fonctions et leur donnant seulement un sens, il y a le pur et simple apparaître comme autoprésentation[2]. » L'autoconservation ne peut donner un sens. Si la vie n'a pour but que de se conserver,

1. Cf. Roger Caillois, *Pierres*, Poésie-Gallimard, 1989, p. 9.
2. Adolf Portmann, *op. cit.*, p. 281.

elle ne peut tendre qu'au suicide, parce qu'elle n'a plus rien à quoi s'offrir, se replie sur elle-même et par là se fossilise. Ce qui donne sens à quelque chose est toujours au-delà de lui-même, dans une libéralité, un sacrifice peut-être, en tout cas une manifestation généreuse et par là glorieuse. La roue du paon, le vol de la sterne, le chant du merle ou de la fauvette grisette, pour ne parler que des oiseaux, sont des présentations de leur espèce, des affirmations de la bonté de l'être qui nous sautent aux yeux et nous prennent à la gorge.

Ici nous pouvons entendre les pierres crier. Ici le lapis-lazuli, les roses et les paons peuvent témoigner chacun selon son espèce que la terre est remplie d'une gloire divine. Cette tendance à la gloire est le sens profond de la distinction des êtres, la raison pour laquelle l'oiseau chante son chant, l'arbre donne son fruit, la pierre brille de ses feux, et la raison pour laquelle ils le font, ne serait-ce que pour un instant, alors qu'ils sont voués à disparaître. Car la gloire n'est pas une affaire de survie, mais de vie. Elle ne vise pas la conservation, mais la fructification. Elle ne cherche pas l'immortalité, mais une manifestation de l'Éternel, fût-ce à travers ce qu'il y a de plus éphémère.

Pour l'entrevoir, il suffit d'ailleurs qu'un éphémère se pose sur votre pouce. Ce petit névroptère appartient à l'ordre des plus anciens insectes ailés encore volant sur cette terre. Sa survie en tant qu'individu est dérisoire : après avoir passé trois ans à l'état de larve, il n'éclot que pour voler quelques heures. Sa survie, en tant qu'espèce apparue il y a 350 millions d'années, est impressionnante : sa longévité serait à l'heure actuelle 1 750 mille fois supérieure à la nôtre. Mais l'essentiel n'est ni dans cette extrême brièveté de l'individu ni dans cette extrême longévité de l'espèce. Il est dans le jaillissement de cette vie originale, avec le fouet trinitaire de sa queue, l'or marbré de son abdomen, la dentelle de ses ailes qui n'est pas sans rappeler les anges.

Être et paraître : se donner (à voir)

17. Thomas d'Aquin observe que le mot « gloire » signifie une certaine clarté, et il ajoute que cette clarté contient en elle charme (*decor*) et manifestation (*manifestatio*)[1]. La gloire est donc la chose la plus ordinaire, en tant que les êtres se manifestent, qu'ils charment et attirent notre regard, que leur forme propre, d'une certaine façon, se distingue ou rayonne. Elle constitue la phénoménalité de tout phénomène. Et, puisque la prouesse est la condition de la gloire, il faut admettre que tout être est d'une certaine façon supérieur à lui-même. Certes, tout être qui se présente à nous a

1. *Somme de théologie,* IIa-IIæ, qu. 132, art. 1, resp.

traversé les diverses catastrophes de l'évolution et peut apparaître à ce titre comme un survivant et un vainqueur d'une guerre plus que mondiale. Mais, plus encore, cet être qui s'offre à nos yeux, et l'être vivant plus spécialement, est comme en excès sur lui-même parce qu'il apparaît, parce qu'il s'expose au-delà de sa conservation. Sous ce rapport, le paraître est plus que l'être, parce que c'est l'être en tant qu'il se donne à voir, qu'il se pose hors de soi, qu'il se manifeste à l'autre comme bon.

J'ai noté en ouverture que nous avons coutume de penser autrement le rapport de l'être et du paraître. « Il ne faut pas se fier aux apparences », dit-on couramment, et l'on estime, comme celui qui creuse le sol pour en déterrer un trésor, que ce qui est caché est plus profond et plus essentiel que ce qui se montre. La parure serait toujours pour dissimuler une laideur, et non pour mettre en valeur une beauté. Nos rubans auraient pour but non pas d'accompagner l'offrande mais de refourguer le colis piégé. La surface n'est-elle pas par définition superficielle ? Comment le souci de cette superficie ne relèverait-il pas de la plus grande futilité ?

Et pourtant c'est à la surface du lac que se reflète le ciel, et c'est le souci de la superficie qui invente les icônes. À fleur de peau, le visage ouvre plus de profondeur que les organes internes dévoilés par la trépanation de la boîte crânienne. À fleur de prunelle, le regard creuse plus d'infini que ne le peuvent les rayons qui sondent le nerf optique et paramètrent le cerveau. L'ADN n'est pas le secret du vivant, de même que les coulisses du théâtre ne nous livrent pas le secret de *Hamlet.* Le génotype est là pour le phénotype, l'idée secrète qui préside à l'organisation d'un être vivant ne se dévoile que dans sa forme, telle qu'elle se donne à voir dans le monde : c'est la roue du paon qui est le secret de son code génétique.

18. Deux figures classiques nous incitent à ne pas voir l'apparence comme un don premier, mais comme un ultime subterfuge : celle de la coquette, et celle du courtisan. Or, s'il est une coquetterie vicieuse, qui cherche à embobiner les autres, il en est une vertueuse, quelque chose comme une magnificente modestie, qui cherche à offrir aux autres une gloire analogue à la roue du paon, à la robe du tigre, au chant du pinson. Le poète Henri Raynal a fortement pensé ce souci féminin du vêtement[1]. Il le rapporte, d'une part, à une des plus hautes formes de l'art, comme une sculpture fluide qui s'efforce d'épouser la vitalité du corps de l'animal humain, animal de culture et de liberté ; d'autre part, à cette tendance de l'être à se manifester, à ne pas laisser la lampe sous le boisseau mais à la placer sur le lampadaire. Le *make-up* a sans doute ses fards

1. Henri Raynal, *Cosmophilie,* Éd. Cécile Defaut, 2016, notamment le chapitre intitulé : « L'apparure (ou Faire un poème de soi) », p. 151 et suiv.

qui vous maquillent comme on maquille un crime ; la *parure* s'en distingue franchement[1]. En se parant, la femme n'est pas artificieuse, elle assume ce qu'il y a de plus naturel dans la nature, car la nature est une puissance à inventer des formes. De même que la nature déroule devant nous la diaprure des corolles, la moire des écailles, les motifs singuliers de toute sorte de pelages, la femme fait défiler le chemisier fleuri, la jupe à paillettes, le pantalon léopard, le sac croco, le pull angora, la veste pied-de-poule... à elle seule tout l'inventaire du ciel et de la terre.

Quant au courtisan, il est dénoncé comme hypocrite et flatteur, notamment par les disciples de Rousseau, qui rêvent d'une nature sans culture ou d'une spontanéité sans convenances. Selon eux, la réserve du savoir-vivre s'apparente toujours à quelque dissimulation perfide, et les formules de politesse sont des mensonges en comparaison de la sincérité de dire brutalement ce que l'on pense, c'est-à-dire ce qui nous passe par la tête. Le courtisan, comme la coquette, peut être rangé du côté du vice, et de la courtisanerie. Mais cette courtisanerie blâmable ne doit pas nous faire oublier la louable courtoisie.

Le jésuite espagnol Baltasar Gracián est connu pour avoir publié au XVIIe siècle un art de la

1. Sur la distinction entre parure et *make-up*, voir Günther Anders, *L'Obsolescence de l'homme. Sur l'âme à l'époque de la deuxième révolution industrielle,* Ivréa/Encyclopédie des nuisances, 2002, p. 47.

prudence généralement traduit en français par *L'Homme de cour.* Dans son apologue intitulé « L'homme qui sait faire montre », une corneille affiche son mépris pour l'oiseau pavaneur : « Le paon est beau, brillant, dit-elle ; on ne peut le nier. Mais il gâte tout par son affectation. » Et la corneille grise et envieuse, ne sachant pas assumer comme une merveille sa propre forme, pousse les autres oiseaux à se conjurer « pour tenir et détruire la beauté du paon » : « Avec astuce, ils déguisèrent leur malignité en déclarant qu'ils ne se prononçaient pas contre sa beauté, mais contre son orgueil. » À tous ces coups de bec moralisateurs, le paon répond par un plaidoyer *pro domo* qui est aussi une louange de Dieu :

> Qu'importe qu'une chose soit excellente en elle-même, si elle ne le paraît pas ? Si le soleil, en se levant, ne déployait pas brillamment ses rayons ; si la rose restait toujours prisonnière dans son bouton, sans s'épanouir en fleur pourprée et embaumée, si le diamant n'avait pas le secours de l'art pour le transformer et lui donner ses feux et reflets, à quoi servirait tant de lumière, de mérite et de beauté, si l'ostension ne le rehaussait pas ? Moi, je suis le soleil ailé, je suis la rose en plumage, je suis le joyau de la nature ; et puisque le Ciel m'a donné la perfection, j'ai aussi le droit d'en faire montre. Et le Créateur du monde, son premier soin n'a-t-il pas été d'accorder à toutes choses le don de paraître, puisqu'il a créé d'abord la lumière, et, avec elle, l'éclat ? Et,

> remarquons-le bien, c'est elle qui obtint le premier applaudissement, et donné par Dieu lui-même. Car, puisqu'elle fait briller toutes choses, le Créateur a voulu qu'elle-même n'ignorât pas son brillant. Ainsi le don de paraître a accompagné chez les choses le don de l'être, et l'ostension a été consacrée par le Souverain Maître[1].

Après pareil discours, comment les autres volatiles, honteux de leur plumage, ne seraient-ils pas encore plus en colère ? Ils fondent sur le paon, lui volent dans les plumes, cherchent à lui picorer les yeux. Mais le renard intervient, prend sa défense contre les jaloux et tranche tout débat en distinguant la vraie gloire de la vaine :

> Aucun art ne doit être moins affecté que celui de la montre ; c'est toujours par là qu'elle risque d'échouer, car elle est très voisine de la vanité ; et celle-ci du mépris. Elle doit être très mesurée, et bien choisir son moment [...]. Mais, pour revenir à notre affaire, je dis, et c'est ma conviction, qu'il y aurait une absurde violence à concéder au paon la beauté, et à lui refuser d'en faire parade. Ce serait vouloir condamner la sage et prévoyante nature, dont la force prévaut sur tous les préceptes de la raison politique[2].

1. Victor Bouillet, « Traduction IX, XIII, XIX et XXV du *Discreto* », in *Bulletin hispanique,* 33-1, année 1931, p. 10-11.
2. *Ibid.,* p. 12-13.

19. Ainsi le paraître est le printemps de l'être. Au printemps, l'arbre soudain fait surgir ses fleurs, les oiseaux se remettent à s'interpeller à travers l'espace, les campagnols qui creusaient des galeries dans l'herbe sèche sous la neige pointent à nouveau le bout de leur truffe, et même si cela les expose davantage, les uns à la prédation des rapaces, les autres au butinage et à la cueillette, cette exposition est leur gloire.

Comment comprendre plus essentiellement qu'il y ait une gloire en tout être, ce qui suppose que tout être, en étant soi-même, est en même temps plus que lui-même, et qu'il renvoie en lui-même, dans son apparence, à plus grand que lui? Thomas d'Aquin observe que « la diversité et la distinction des choses vient de ce que toutes les choses ont été faites pour être assimilées à la divine bonté »:

> En effet, il est impossible que la divine bonté soit représentée par une seule créature en raison de la distance qui sépare la créature du Créateur; il est donc nécessaire qu'elle soit représentée par un grand nombre, divers et distinct, afin que ce qui manque à l'une soit suppléé par l'autre[1].

La bonté de Dieu est représentée à travers l'autoprésentation des créatures dans leur diversité, qui renvoient l'une à l'autre selon ce que

1. *Compendium theologiæ,* 101 et 102.

nous avons déjà appelé une écologie de la gloire. Il ne s'agit toutefois pas seulement d'une composition esthétique – comme dans un tableau où chaque touche sert à rehausser l'autre – mais d'une véritable solidarité ontologique. On parlerait aujourd'hui d'écosystème ou de symbiose – avec les mycorhizes pour les plantes, avec son microbiote pour l'homme. Mais cette solidarité est à penser dynamiquement, dramatiquement, et non selon cette tendance statique (encore picturale), ce rêve d'équilibre permanent que suggère la notion d'écosystème. L'écologie de la gloire est toujours dans ce monde une écologie de la croix. Sans la dévoration de la gazelle malgré ses bonds décourageants, il n'y aurait pas de lion ; sans la disparition des dinosaures, il n'y aurait pas de petits garçons qui jouent avec un T-Rex en plastique ; sans les attaques du gel ou de la mouche *drosophila suzukii*, il n'y aurait pas cette vaillante lutte du paysan pour sauver ses abricotiers.

20. Cependant, la ressemblance divine ne se manifeste pas seulement de manière relative, dans la diversité d'un ensemble. Chaque créature fait aussi briller cette ressemblance de manière propre, en étant pleinement elle-même. On peut, à la suite de saint Thomas, distinguer trois finalités de la créature : sa finalité spécifique, sa finalité

cosmique et sa finalité transcendante. L'abricotier a pour *fin spécifique* de croître et de donner des abricots, dont le noyau contient d'autres abricotiers en germe. Il a pour *fin cosmique* de nourrir des vies plus hautes que la sienne, celle de bêtes petites et grosses, et celle des enfants des hommes, jusqu'à réchauffer leur cœur et délier leur langue avec de l'abricotine à 40°. Il a pour *fin transcendante* Dieu lui-même, puisque c'est par lui, et pour lui, premièrement, qu'il a été créé.

Or la gloire de l'arbre tient à l'entrelacs de ces trois finalités, ou plutôt à cette triple finalité, puisque les trois lui sont propres et s'enveloppent l'une l'autre. L'arbre est d'abord créé pour Dieu, mais ce *pour* s'oppose à toute utilité, puisque Dieu n'a pas besoin de manger des abricots : le *pour Dieu* garantit la gratuité de l'existence de la créature *pour elle-même*, sa finalité transcendante garantit sa finalité propre d'abricotier, au-delà de tout utilitarisme. C'est parce qu'il est créé pour Dieu, dans l'orbe de cette attraction libératrice, que l'abricotier pousse, devient pleinement lui-même en donnant son fruit, et en le donnant à d'autres que lui, que ce soit matériellement (je mange ses abricots avec des amis) ou symboliquement (je vois dans l'abricotier le symbole de ma propre fructification à accomplir).

Dès lors, à même la finalité propre de l'arbre, affleure sa finalité transcendante, qui en est la cause première ; à même son apparence, quelque chose comme une apparition. En étant pleinement lui-même, en réalisant parfaitement sa nature, l'arbre manifeste plus que lui-même : il fait briller la bonté de son origine, comme un ruisseau fait déjà briller la fraîcheur de sa source et l'immensité de l'Océan.

21. Premier corollaire de cette inclusion de la finalité transcendante dans la finalité propre : les créatures ne sont pas de simples signes, qui indiquent automatiquement le Créateur. Elles ne renvoient à Dieu en tant que Dieu qu'en ne renvoyant pas directement à lui. Elles ne sont pour lui qu'en étant pour elles-mêmes. Leur transparence à l'Éternel serait son offense – comme s'il avait besoin d'une vitrine ! L'Éternel veut au contraire leur épaisseur, leur consistance, leur effectivité. Le gardeur de troupeaux de Pessoa a raison de s'opposer au règne absolu des métaphores :

> Grâce à Dieu les pierres ne sont que pierres,
> Et les fleuves ne sont rien que fleuves,
> et les fleurs, fleurs, tout simplement[1].

1. Fernando Pessoa, *Alberto Caeiro. Le gardeur de troupeaux,* XXVIII, in *Œuvres poétiques,* Gallimard, coll. « Bibliothèque de la Pléiade », 2001, p. 28-29.

Dans une poésie trop orphique, la pierre a une âme, le fleuve est une image du temps qui passe, la fleur est la femme bien-aimée, enfin tout est Dieu, mais la louange aussitôt tourne court. Cette merveilleuse diaphanéité relève d'un spiritisme qui aux convives préfère des fantômes, et moins encore. Rien ici n'a plus de réalité propre. L'ordre de l'univers n'est plus qu'un pot-pourri. La belle image équivaut à un crachat sur la chose. Les métaphores même perdent leur pouvoir, puisqu'elles ne font que remuer l'informe. Il faut donc qu'une rose soit d'abord une rose, et rien d'autre, pas même un hiéroglyphe qui déchiffré ne voudrait que dire Dieu, car Dieu a voulu que l'on nomme la « rose », que l'on reconnaisse la substantialité de cette fleur, qu'elle se tienne devant nous, fragrante et fragile, opaque et rayonnante, comme une jeune fille que sa maman pousse dans la lumière.

Second corollaire de cette inclusion de la finalité transcendante dans la finalité propre : une créature est plus glorieuse en réalisant sa nature qu'en prétendant la dépasser, puisqu'en réalisant sa nature elle réalise l'ordre divin. L'existence n'est pas en concurrence avec l'essence : si l'essence en son fond le plus intime contient une orientation vers celui qui est au-delà de tout, c'est en improvisant à partir des harmonies de son essence que l'existant entre dans une aventure à la fois cosmique et surnaturelle. De ce point de vue, le transhumanisme s'avère moins *trans* qu'un humanisme intégral, lequel reconnaît en l'homme un coopérateur de la providence (plutôt qu'un adepte la prothèse) ; et le transsexualisme s'avère plus *cis* que la sexualité la plus ordinaire, laquelle, tournant vers l'autre sexe et faisant place à l'autre génération, relance l'avenir (plutôt qu'elle ne programme le futur).

Toute apparition est ainsi comme une apparition mariale. Le paon étale et fait danser les yeux de sa roue, et c'est pour que l'espèce des paons continue de se manifester dans le monde, d'une manifestation qui fait aussi entrevoir le regard de l'Éternel, précisément parce qu'elle n'en est pas qu'un signe. Et le paon est plus glorieux en étant paon qu'en prétendant être phénix, de même que la corneille est plus glorieuse en consentant à être corneille qu'en enviant le paon.

22. Nous pouvons à présent revenir au début de la Genèse, et mieux approcher la distinction entre le *Dieu dit que cela soit* et le *Dieu vit que cela était bon*. Le dire renvoie à Dieu en tant qu'il crée le monde, le voir à Dieu en tant qu'il gouverne le monde. Dans l'acte de création, la créature est plutôt passive, mais son apparition est déjà glorieuse, parce qu'elle fait entrevoir la splendeur de sa source (comme le dit Thomas d'Aquin, *forma est quædam irradiatio proveniens ex prima claritate,*

« la forme [d'un être] est un certain rayonnement qui provient de la clarté première[1] »). Dans l'acte de gouvernement, la créature est plutôt active, elle coopère à l'œuvre divine en étant elle-même cause, et de là jaillit une seconde gloire, qui n'est pas la *gloire de la forme* mais la *gloire de l'opération* (pour reprendre le vocabulaire de saint Thomas).

On passe en quelque sorte de la peinture à la musique. Le paon, déjà radieux sur l'imagier des animaux, agite soudain ses plumes, déploie cette roue vibrante comme dans un feu d'artifice final, se met à adjurer : « Léon ! Léon ! », séduit la paonne et par la même occasion le visiteur du parc. L'événement de l'opération redouble l'événement de l'apparition. Ou, pour reprendre une terminologie déjà employée précédemment, le paraître se dédouble et se redouble en apparaître et opérer. La forme s'accomplit dans une fécondité propre. Tout n'était donc pas dit. Elle s'offre à voir dans l'inédit de ce que Dieu lui donne encore de donner.

Cette surabondance dans la manifestation s'accomplit dans l'écart entre le dire du Créateur et le voir du Seigneur, entre son impulsion comme efficience et son attraction comme fin. Elle est la manifestation paradoxale de la générosité divine elle-même : Dieu se cache, semble même se retirer, prendre la distance d'un spectateur, mais

1. *In Dionysii. De divinis nominibus*, cap. IV, lectio VI.

c'est parce qu'il fait place à sa créature, sa gloire de Créateur étant que la créature devienne co-créatrice, sa gloire de Sauveur, que le pécheur devienne co-rédempteur, sa gloire de Seigneur, que le sujet participe au gouvernement divin.

23. Dans le retable du *Jugement dernier,* de Roger Van der Weyden, l'ange qui pèse les vertus et les vices a des ailes en plumes de paon. Un déplacement s'est opéré : c'est l'aile, et non la queue qui resplendit de la sorte – ce qui donne de voler dans les cieux, non d'attirer la femelle. L'esprit céleste n'en mendie pas moins une part de sa splendeur à un volatile, comme l'exigent les besoins de notre représentation. On ne peut dire l'invisible et l'immatériel qu'avec du matériel et du visible. Dans le texte biblique, avec la vision d'Ézéchiel (1, 10), la bête sert à faire l'ange : celui-ci apparaît sous la forme d'un animal à quatre faces, d'homme, de lion, de taureau et d'aigle – ce qui suppose que l'homme, mais aussi le lion, le taureau et l'aigle participent déjà d'une vision glorieuse. Dans le retable du Jugement, l'ange nous regarde à travers les ocelles du paon.

Et si nous le laissons nous regarder, si notre œil écoute ce qu'il a à nous dire, voici ce que nous pourrions entendre : « Quelle gloire y a-t-il pour toi dans le ciel, si tu n'as pas reconnu la gloire qui émaille la terre ? Ne sais-tu pas que là-haut nous chantons : *La terre est remplie de ta gloire* ? Tu juges de la beauté de cet oiseau, tu la réduis à de l'utile ou de l'agréable, mais il se pourrait bien que ce soit cet oiseau qui te juge, il se pourrait bien que ce soit toi qui comparaisses devant sa manifestation, laquelle te demande si tu te manifestes toi-même aussi purement et simplement que lui, aussi purement et simplement même qu'un caillou. Car ce qui pèse dans la balance, ce qui a vraiment du poids, ce n'est pas la valeur de tes actions sur un livre de compte, mais ta gloire. Portes-tu ta croix comme le paon déploie sa roue ? Es-tu toi aussi non seulement témoin mais acteur de la gloire de Dieu sur la terre ? *À toi la gloire* ? Sans aucun doute. Mais cela ne veut pas dire que tu dois faire exploser les limites de ta nature et de ta culture, de ton ascendance et de ta vocation, mais qu'être glorieux, c'est être toi-même, et qu'à l'heure du jugement il ne te sera pas demandé si tu as été saint Paul ou sainte Thérèse, mais si tu as été toi, à ce carrefour original du temps et de l'espace (même si c'est aussi celui d'un *Carrefour Market*), tel que le Seigneur voit que cela est très bon.

III

La gloire du Ressuscité

Retour en avant

1. Il faut se l'avouer : Jésus ressuscité est assez décevant. Si j'avais inventé l'histoire du salut, pas de doute, je m'y serais pris tout autrement, et je crois que c'est le cas de n'importe lequel d'entre nous. Déjà les gens de son pays avaient du mal à reconnaître le Sauveur dans un charpentier de Nazareth, alors nous autres, qui venons de Versailles ou de Martigny et qui souhaitons que nos enfants fassent des *business schools*, ça ne peut être que beaucoup plus difficile. Surtout si nous sommes chrétiens. Les chrétiens sont spécialement sujets à l'ignorance la plus obtuse – celle où l'on croit savoir alors qu'on ne sait pas. Tant d'images pieuses nous recouvrent l'original. Tant de blonds apollons nous dissimulent le Juif nazaréen. Nous le croiserions dans la rue que nous ne nous en rendrions même pas compte, trop pressés d'aller à notre groupe de prière. Il est probable

d'ailleurs que nous ne cessons de le croiser, et que sa tête ne nous revient vraiment pas.

Ce n'est pas qu'en charpentier, c'est aussi et surtout en glorieux, après qu'il a surgi du tombeau, que le Christ ne répond pas du tout à nos attentes. On a franchement l'impression que la mise en scène a souffert de grosses coupes budgétaires et qu'il a fallu renoncer au grandiose du péplum et à la magie des effets spéciaux. Le moindre « son et lumière » de festival missionnaire, la moindre comédie musicale de patronage catholique sont beaucoup plus spectaculaires. On peut aujourd'hui, pour moins de 300 euros, louer une machine à fumée, un laser multicolore, des effets à LED et des enceintes 1 600 watts qui vous font bien voir que vous êtes devant une superstar et qui vous permettent d'imaginer les myriades d'anges voletant à l'entour. Rien de cela dans les récits évangéliques. Pas même une auréole signalétique, comme dans les tableaux. Les quiproquos ne peuvent que se multiplier.

2. Marie-Madeleine le prend pour le gardien du cimetière et lui trouve une mine assez sinistre pour le suspecter d'être un voleur de cadavres. Les disciples d'Emmaüs le voient comme un promeneur désœuvré, et d'une physionomie assez niaise pour qu'ils puissent s'écrier : *Tu es bien le seul habitant de Jérusalem à ignorer ce qui est arrivé*

ces jours-ci! (Lc 24, 18). Quand il apparaît au Cénacle, coupant l'herbe sous le pied à ces mêmes disciples qui racontent déjà tout ce qui s'est passé sous la forme d'une aventure extraordinaire, il leur déclare : *Paix à vous, Chalom alekhem,* c'est-à-dire qu'il leur dit simplement bonjour selon la coutume juive, puis il leur demande de palper son corps afin de leur faire constater qu'il est aussi réel que le leur (il aurait tout de même pu être un peu ectoplasmique ou translucide comme celui d'un maître Jedi !). Puis il réclame de manger un morceau, comme si la Résurrection ne nourrissait pas son homme. Enfin – c'est peut-être là le plus contrariant – il leur commente Moïse, les Prophètes et les Psaumes, comme si on n'était pas sorti de l'auberge et que le miracle n'avait pour but que de nous remettre sur les bancs de l'école, à réviser avec un jeune rabbin.

Du reste, la Résurrection ressemble fort à un miracle raté : dans un miracle, on est guéri, les blessures disparaissent ; or Jésus ressuscite avec ses plaies. Et pour qu'on soit bien sûr que ce sont de vraies plaies bien profondes encore, il commande à Thomas d'y fourrer ses doigts, la main tout entière – jusqu'au coude, qui sait ? De même, sur les bords du lac de Tibériade, la pêche miraculeuse est beaucoup moins importante que celle d'avant la Pâque. Il fallait autrefois deux barques pour tirer les filets (Lc 5, 7) ; maintenant une seule « petite barque » suffit (Jn 21,8) ; et Jésus apparaît en spécialiste des grillades au feu de bois ou en maman qui appelle ses petits à déjeuner. N'y a-t-il rien de mieux à proposer quand on remonte des enfers ? C'est à croire qu'il le fait exprès, qu'il se livre à une entreprise systématique de déception de nos prévisions glorieuses.

Il pourrait au moins paraître au milieu de séraphins tel Claude François au milieu de ses claudettes qui dansent et reprennent en chœur : « La terre est remplie de sa gloire, *baby* ! » Au lieu de quoi, ses anges – car il en envoie tout de même quelques-uns – se présentent soit comme un adolescent en robe blanche (Mc 16, 5), soit comme deux hommes qui mettent des habits rutilants pour flâner dans des tombeaux (Lc 24, 4) – chose très curieuse mais qui rappelle assez bien la mode dans les discothèques des années 1980. Et ce n'est pas pour annoncer la Bonne Nouvelle par eux-mêmes, mais pour la confier à des femmes, quelle idée ! Si l'homme est la tête, comment se mettrait-il à écouter et à obéir à la femme ? Ça ne peut que lui passer par-dessous la jambe. Et quand il y a des exceptions, quand on déroge à la règle, par exemple au jardin d'Éden, lorsque l'homme obéit à la femme, cela donne le péché originel. Les disciples s'en sont souvenus et, *l'entendant dire qu'elle l'avait vu, ils ne la crurent pas* (Mc 16, 11). On imagine la réaction de Marie-Madeleine, sa rage devant une misogynie si carabinée. Est-ce que l'ange ne savait pas ce qu'il faisait en l'envoyant elle, puis d'autres femmes ? Se peut-il que la gloire de la Résurrection encourage les scènes de ménage ? Faut-il que l'épique descende au niveau du boulevard ?

3. Le plus étonnant est cette familiarité avec laquelle Jésus ressuscité demeure avec ses disciples pendant quarante jours, s'asseyant près d'eux avec son côté ouvert, leur passant le sel avec ses paumes percées, conversant sur le Royaume comme devaient le faire les disciples envoyés jadis de ville en ville. Le début des Actes des Apôtres ne laisse aucun doute à ce sujet et, sans considérer les leçons les plus élémentaires du marketing, porte notre déception à son comble : *Il se présenta à eux vivant après sa passion, avec de nombreuses preuves, durant quarante jours, se donnant à voir à eux et leur causant du royaume de Dieu. Et, partageant avec eux le sel, il leur enjoignit de ne pas s'éloigner de Jérusalem mais d'attendre la promesse du Père* (Ac 1, 3-4).

Nous étions en droit d'avoir du rare et de l'extraordinaire, et voici la banalité de la table quotidienne. Nous pensions être arrivés au but, et voici qu'il faut attendre encore. D'ailleurs, la mention des quarante jours ne peut que nous inquiéter en nous invitant à d'assez dérangeants parallèles. La résurrection au Cénacle serait-elle comme la tentation au désert ? On peut le penser. Cela expliquerait l'insistance de Jésus à relire la Torah, pour ne pas confondre la gloire d'Israël avec les prestiges de l'Égypte. Les quarante jours renvoient en effet aux quarante années durant lesquelles les Hébreux regrettent leur captivité et sont près de rebrousser chemin : *Ah ! quel souvenir ! le poisson que nous mangions pour rien en Égypte, les concombres, les melons, les laitues, les oignons et l'ail !* (Nb 11, 4).

L'exégète Jacques Cazeaux insiste sur ces « quarante jours où Jésus a tenté de convertir ses disciples, en vain, après sa Résurrection » et en conclut que « l'on verrait bien un Carême suivre la Pâque, et non pas la préparer[1] ». Sans en forcer la lecture, il faut en convenir, les Actes des Apôtres nous présentent la prédication du Ressuscité comme un ratage complet. Il a beau être relevé des morts et leur prêcher le Royaume à table pendant plus d'un mois, les disciples ne trouvent rien de mieux pour finir que lui poser la question : *Seigneur, est-ce en ce temps que tu rétabliras la royauté en Israël ?* (Ac 1, 6). N'ont-ils donc rien compris à la fin ? Le Verbe glorifié parmi les siens serait-il encore la voix qui crie dans le désert ? On ferait un *burn-out*

1. Jacques Cazeaux, « Pilate et sa vérité : le malentendu des cultures ? », in Mgr Michel Aupetit (dir.), *Culture et évangélisation. La culture, un défi pour l'évangélisation*, Parole et Silence, 2018, p. 110.

pour moins que ça. Aussi, devant une telle surdité dans la vision – car les Apôtres ont beau le voir en face, ils sont pires qu'aveuglés, ce qui fait dire au Christ: *Heureux ceux qui n'ont pas vu et qui ont cru* (Jn 20, 29) –, devant une telle opiniâtreté dans la méprise, l'Ascension prend des allures de congé. Jésus n'en peut plus de toutes ces têtes dures et ces nuques raides. Il les envoie paître, le bon Pasteur. Il part appeler l'Esprit saint à sa rescousse.

Sortir d'Égypte, pour aller où?

4. Quelle est la confusion dont le Ressuscité cherche à nous prévenir par son attitude décevante? Le livre d'Isaïe porte cette prophétie: *Ils seront consternés et confus à cause de l'Égypte qui était leur sujet de gloire* (20, 5). Il serait dommage, en effet, que notre conception de la gloire soit une régression vers le pays de la servitude: nous prendrions le Messie pour un nouveau pharaon, et la Résurrection pour un merveilleux progrès dans la confection des momies.

Il faut en effet admettre que les Égyptiens ont aussi leur Livre des morts, dont le titre exact est *Livre pour sortir au jour.* Il y est parlé d'immortalité, de pesée des âmes, d'éloignement des corvées de ce bas monde et d'admission dans les campagnes paradisiaques. Est-ce pour radoter cette antique sagesse que la Parole s'est faite juive ? Le mystère de la Résurrection, à vrai dire, se distingue nettement de la quête de l'immortalité. Un ressuscité n'est pas un immortel, bien au contraire, puisque pour faire un bon ressuscité, il faut d'abord être un bon mort.

Le mystère de la Résurrection affirme le caractère indépassable de notre condition mortelle et nous fait retrouver cette idée que le désir de gloire n'est pas d'abord celui d'une autoconservation, mais d'une réceptivité et d'une offrande. La mort est de soi un mal – le déchirement de l'âme et du corps. Mais, dans le Christ, elle devient le lieu de l'offrande ultime, si bien que Jean de la Croix et Thérèse d'Avila peuvent déclarer : « Je meurs de ne pas mourir », comme si l'immortalité équivalait pour nous à une mort spirituelle, et la mortalité, à la possibilité d'entrer dans la vie plus haute.

Dieu lui-même n'est pas à proprement parler immortel. Non seulement il est mort dans l'humanité du Fils (et même plus que mort, puisque, pour un père, la mort de son unique est pire que sa propre mort, lui-même étant prêt à mourir à sa place, ou plutôt pour lui faire place, selon la suite des générations) ; mais surtout Dieu est en lui-même l'Éternel, et non l'immortel ni le perpétuel, la révélation trinitaire nous faisant entrevoir cette vie éternelle comme l'événement d'un engendrement et d'une donation indéfectible.

5. Il ne s'agit cependant pas d'abord, pour Jésus, de décevoir la quête d'immortalité. La réponse d'Abraham au riche, dans la parabole du pauvre Lazare, nous emmène beaucoup plus loin, comme s'il fallait aussi décevoir la fascination pour la résurrection elle-même : *S'ils n'écoutent pas Moïse et les prophètes, ils ne se laisseront pas persuader quand même quelqu'un ressusciterait des morts* (Lc 16, 31).

C'est la raison pour laquelle Jésus ressuscité, avant de se manifester comme tel aux disciples d'Emmaüs, *leur explique dans les Écritures tout ce qui le concernait, en commençant par Moïse et tous les prophètes* (Lc 24, 27), et qu'après s'être manifesté comme tel aux Onze, il *leur ouvre l'intelligence pour comprendre les Écritures,* c'est-à-dire *la Torah de Moïse, les Prophètes et les Psaumes* (Lc 24, 44-45). Eu égard à cette séquence, le Credo de Nicée-Constantinople confesse indissociablement qu'il *ressuscita le troisième jour conformément aux Écritures.* Le Ressuscité est là, devant vous, et vous pourriez vous imaginer qu'on en a fini de tourner les pages, mais non, il faut rouvrir le Livre, il faut même le reprendre depuis le début.

Nous avons remarqué dans notre premier chapitre que la gloire se redouble en gloire du héros et gloire du poète. Ce redoublement apparaît singulièrement à propos du Verbe fait chair. Ce n'est pas seulement que l'acte humain est toujours un acte lié à la parole et que sa bonté même se déploie dans l'horizon du chantable, du digne de louange. C'est qu'ici la gloire est celle-là même du Verbe, de sorte que la Parole de Dieu en personne ne peut que renvoyer à la Parole de Dieu en livre et réciproquement, à travers *une adoration qui appelle une interprétation*.

Adorer le Ressuscité, c'est aussi interpréter les Écritures. Se figurer que la Résurrection nous débarrasse de la tâche de l'interprétation, estimer que l'évidence lumineuse me fait échapper à la nécessité de la discussion approximative (d'une approximation qui est une approche de ce qui nous transcende toujours), ce serait confondre la foi du disciple avec l'extase du fan devant sa vedette préférée.

Le mot « interprétation » est à entendre ici dans son double sens herméneutique et pratique. Il y va d'une remontée du sens (qu'est-ce que cela veut me dire ?) et d'une mise en œuvre personnelle (comme on interprète un rôle ou une partition). Si l'adoration n'est plus une interprétation, elle se change en fascination hypnotique. On voit Jésus glorieux mais on ne l'écoute plus. On le fige comme une solution finale, au lieu d'être envoyé à sa suite, dans une aventure non moins dramatique. Et comme le drame ne manque pas d'advenir malgré notre conviction d'en avoir fini avec lui, comme on a quitté les baraquements de l'esclavage pour l'élargissement du désert, on finit par regretter d'être sorti d'Égypte.

6. Nous arrivons à la troisième tendance qu'il convient de décevoir, à savoir l'idée d'un salut thérapeutique. La sortie du tombeau serait une sortie du drame. C'est justement ce que vient contester la relecture de l'Exode et des Nombres. Voilà pourquoi le Ressuscité ordonne non seulement de réinterpréter la Torah à la lumière de sa résurrection, mais aussi d'interpréter sa résurrection à l'écoute de la Torah. Jésus panse très certainement nos petits bobos, mais c'est pour que nous puissions recevoir la marque de ses cinq plaies : ceux qu'il guérit miraculeusement d'un mal de tête deviennent ses témoins, et doivent être désormais prêts à se la faire couper.

Mais le drame n'est pas seulement celui du martyre. Il est aussi celui de la rechute, de la récidive, d'une obstination à presque décourager la tendresse divine. La Torah nous apprend que la sortie d'Égypte n'est que le commencement des ennuis. La mer Rouge n'est traversée que pour tourner quarante années dans le désert, à se fabriquer un veau d'or, à regretter l'esclavage d'hier, à vouloir exterminer le libérateur, à redouter d'entrer en Terre promise, à se révolter tellement que Dieu a envie de rayer le peuple élu de la carte. Moïse gémit que ce peuple est *trop pesant* pour lui

(Nb 11, 14). Le texte hébreu emploie ici l'adjectif *kabed* qui renvoie au *kabod*, au poids de la gloire, et donc à l'implication mutuelle de la gloire et de la croix.

Si la gloire est don – nous l'avons observé en première analyse avec Pindare –, son poids implique notre vacuité de réceptacle. Mais si la gloire est en outre miséricorde, son poids implique le poids de notre misère, cet apprentissage qui est une déprogrammation, puisque c'est l'apprentissage de notre abjection et de notre entière dépendance de la grâce. Moïse, dans le Deutéronome, dégage le sens des épreuves non pas d'avant, mais d'après Pâque : *Souviens-toi de la longue marche que tu as faite dans le désert ; le Seigneur ton Dieu te l'a imposée pour te faire passer par la pauvreté ; il voulait t'éprouver et savoir ce que tu as dans le cœur : allais-tu garder ses commandements, oui ou non ?* (Dt 8, 2). La question se pose dramatiquement, de rechute en rebondissement, jusqu'à notre dernier souffle.

7. Interpréter la Résurrection sur la musique de la Torah, c'est aussi entendre que l'histoire d'Israël n'est pas celle d'une libération. Là encore, cela ne peut faire que de nombreux déçus. Beaucoup d'imageries volent en éclat ou avouent leur insuffisance : la lumière au bout du tunnel, le sauvetage qui fait qu'on est définitivement tiré

d'affaire, les chaînes qui se brisent… et ça y est, on vit en Jésus, on peut dormir tranquille, le tour est joué. La libération se change alors automatiquement en aliénation. Puisqu'on n'a plus à réfléchir ni à choisir quoi que ce soit, puisqu'on se dérobe à toute charge, on peut s'en remettre à un gourou, ou se laisser porter par le courant.

Il ne s'agit pas seulement de constater que, tant que nous sommes ici-bas, nous n'en avons jamais fini avec la libération, mais de comprendre que, même ici-bas, la libération a pour terme autre chose qu'elle-même. Elle n'est qu'une fin intermédiaire, de même que la santé, qui ne nous dit pas à quoi nous allons dépenser notre énergie. Le paralytique se remet à marcher, merveilleux, mais que va-t-il faire de ses jambes ? Si les chaînes se brisent, c'est pour que nous puissions tisser des liens. Or de quelle nature seront ces liens ? Allons-nous désormais imposer d'autres chaînes à nos frères ? Ne plus être esclave est toujours courir le risque de devenir un autre pharaon.

La Bible ne nous parle pas d'abord du passage des ténèbres à la lumière, comme si les dons de Dieu nous laissaient passifs et nous arrachaient au bourbier pour nous placer sur un petit nuage rose et bleu. Elle nous parle d'abord du passage de la lumière aux ténèbres, ou de ce que saint Louis nomme dans son testament à son fils, le futur

Philippe III le Hardi, le « très grand péché de guerroyer Notre Seigneur de ses dons ».

Dans la Torah, cela débute comme ça, avec l'homme et la femme comblés des dons du Seigneur au jardin, et qui retournent ces dons contre lui. Et cela finit aussi comme ça. Car au bout du cinquième livre du Pentateuque, Moïse entonne un hymne qui n'est plus celui de la libération après la traversée de la mer des Roseaux, mais celui de la prévarication future, une fois installé en Terre promise. Dieu demande à Moïse d'écrire un cantique qui serve de *témoin contre les fils d'Israël,* et qui raconte par avance l'échec, l'infidélité du peuple élu : *Le Seigneur seul l'a conduit, pas de dieu étranger auprès de lui. [...] Il lui donne à goûter le miel de la roche et l'huile suintant de la pierre la plus dure, le beurre des vaches et le lait des brebis, la fine fleur du froment et le sang de la grappe que tu bois fermenté. Mais Israël a engraissé, il a regimbé – tu as engraissé, tu as grossi, tu as épaissi ! –, il a rejeté le Dieu qui l'avait fait, il a déshonoré son Rocher, son salut. [...] Eux m'ont rendu jaloux par un dieu qui n'est pas Dieu, exaspéré par leurs vaines idoles ; aussi, moi, vais-je les rendre jaloux par un peuple qui n'est pas un peuple, les exaspérer par une nation stupide* (Dt 32, 12-21).

8. L'échec de l'installation est prédit avant même l'entrée en Canaan : nous ferons notre beurre avec le lait ruisselant, notre miel dans l'extinction des abeilles, notre graisse avec la grâce, jusqu'à l'oubli de toute gratitude, et de toute magnanimité. La récusation sera telle que pour nous en sortir il faudra une déportation comme il avait fallu un exode, une servitude à Babylone comme il avait fallu un affranchissement de l'Égypte.

Sans doute est-ce ici la déception la plus cuisante : que la résurrection du Christ à travers la Torah de Moïse nous parle non pas d'abord d'être libérés des ténèbres, mais de devenir *dispensateurs des mystères divins* (1 Co 4, 1), signifie que nous pouvons prostituer ces mystères et, corrompant le meilleur, commettre le pire. Le serviteur pouvait être récalcitrant ; l'ami peut tourner au traître. Celui qui est voué à n'être qu'un exécutant peut défaillir ou contrevenir à l'ordre, l'ordonnateur restant hors de cause ; celui qui est appelé à être fécond peut être pervers et fabriquer des monstres (ou de prétendus surhommes), jusqu'à nous faire jeter le doute sur la source même.

Le Ressuscité n'a pu manquer de rappeler à ses disciples ces paroles d'avant sa mort : *Quand le Fils de l'homme viendra, trouvera-t-il la foi sur la terre ?* (Lc 18, 8). *Beaucoup de faux prophètes se lèveront et ils en égareront beaucoup, et parce que l'anomie se sera accrue, la charité se refroidira dans le plus grand nombre* (Mt 24, 11-12). Plus Dieu nous comble de ses dons, plus nous en sommes les intendants, et plus nous pouvons aussi, dans la condition terrestre, en être les captateurs – profitant du bon grain pour faire croître l'ivraie. Le Christ, en voulant faire d'autres christs, rend possible les antéchrists (*Ils sont sortis du milieu de nous*, dit la Première lettre de saint Jean 2, 19). Les désenchaînés se déchaînent. La venue du Messie ne nous arrache pas à l'histoire, elle l'accélère jusqu'à l'Apocalypse.

C'est assez souligner que *la gloire de Dieu n'est pas tant dans notre libération que dans notre vraie liberté*, ce que nous pourrions appeler notre charge, le *kabod* de notre responsabilité. Au paralytique, le Sauveur ne dit pas seulement : *Lève-toi.* Il ordonne en même temps : *Prends ton brancard et va-t'en chez toi* (Mc 2, 11). Il ne suffit pas d'être guéris, il faut porter ce qui nous a portés jusqu'ici, et que nous allions jusqu'à un chez-nous, où nous devenons maîtres et maîtresses de maison, afin que, sortis de l'hôpital, nous exercions nous-mêmes l'hospitalité. Libérés des briques de l'esclavage, nous sommes *chargés de mission.* Le Dieu qui donne la vie ne veut pas que nous soyons sauvés comme dans un sauvetage, à la façon d'un paquet qu'emporte l'hélicoptère de secours, mais que nous consentions à être des coopérateurs du salut. Saint Paul emploie un triple génitif qui remonte la cascade des grâces et nous fait entendre que la filiation divine est glorification, et que cette glorification est d'assumer la charge messianique : *La liberté de la gloire des enfants de Dieu*[1] (Rm 8, 21).

---

1. Il se pourrait bien que, chez les gnostiques, le thème sotériologique de la libération (de cette libération qui prétend nous libérer de la liberté même) précède et commande le dualisme ontologique. Pour eux, la chute n'a pas eu lieu *dans* le monde matériel, à cause de notre mauvais usage des dons du Créateur, mais *vers* le monde matériel, à cause des ruses d'un mauvais démiurge. C'est le meilleur moyen de se poser en innocentes victimes d'un piège, et de concevoir le salut comme le simple soulagement d'en être délivré. Cette délivrance ne peut être octroyée que par un Dieu ennemi de la matière et de l'histoire, qui n'est donc certainement pas l'Elohim de la Torah. L'Elohim de la Torah coïncide plutôt avec le démiurge maléfique. À ses fidèles, il promet cauteleusement une terre, afin de les tenir captifs. Le gnostique ne tombe pas dans le panneau. Il ne croit, lui, qu'à la promesse d'un ciel où il peut retrouver sa condition première de pur esprit. Par là, il se déresponsabilise de tout ce qu'il peut faire avec sa défroque charnelle, laquelle ne compte plus que pour du beurre, poursuit ses activités en roue libre, s'égaye aux plus molles débauches aussi bien qu'aux plus dures macérations. Il s'agit pour lui d'être *libéré du mal*, et non d'être *libre pour le bien*, puisqu'il n'y a aucun bien à espérer de nos investissements terrestres. Il n'a plus à endosser le poids d'une quelconque responsabilité : ses complaisances et ses abus ici-bas ne sont que les frasques sans conséquence d'une boue sans valeur. Marx eut raison de dénoncer cet opium ; malheureusement, croyant que toute la faute en incombait au spiritualisme, ses épigones n'ont pu s'empêcher de transformer l'opium en héroïne, à travers une dialectique du processus révolutionnaire comme « libération sans fin », laquelle ne peut qu'équivaloir à une aliénation sans fin.

La gloire de mon Père

9. « Je suis fier de toi », dit naïvement et profondément le père à son fils, comme si rien n'était plus simple que l'élévation de l'un soit la fierté de l'autre. La gloire de Dieu est ainsi celle de ses enfants quand ils exercent leur liberté, se font inventifs, déploient une fécondité propre. Le verset de l'épître aux Romains où saint Paul parle de cette liberté de la gloire des enfants de Dieu est immédiatement suivi par l'affirmation d'un *travail d'enfantement* (Rm 8, 22), si bien que les enfants enfantent et deviennent pères à leur tour, créatifs dans le Créateur, salutaires dans le Sauveur et responsables dans le Seigneur.

La première occurrence du substantif *kabod* dans la Genèse, et donc dans la Torah et la Bible tout entière, concerne la richesse acquise par Jacob en élevant les troupeaux de son beau-père Laban. Elle s'insère dans une protestation des fils de Laban contre ce gendre trop béni : *Et il entendit les fils de Laban disant : « Jacob a pris tout ce qui est à notre père et avec ce qui est à notre père il a fait toute cette gloire »* (Gn 31, 1). Jacob, qui depuis le sein de sa mère a connu la rivalité avec son frère Ésaü, connaît à présent l'envie de ses beaux-frères. La question est ici de savoir qui est le fils le plus accompli : celui qui porte simplement le nom du père, ou celui qui fait fructifier son héritage. Cette question se pose aussi au père, car Laban fait littéralement la gueule devant cette fructification de son gendre. Jacob s'en confie à Rachel et Léa : *Je vois à la mine de votre père qu'il n'est plus à mon égard comme auparavant, mais le Dieu de mon père a été avec moi* (Gn 31, 5). Le fils le plus légitime est celui qui dépasse le père et rouvre l'avenir, mais c'est précisément celui-là que le père, dénaturé en propriétaire de la famille, ne peut que voir comme un rival qu'il faut à tout prix délégitimer.

Beaucoup plus loin, au terme des péripéties des propres fils de Jacob, il y a la parole de Joseph à ses frères : *Racontez à mon père toute ma gloire en Égypte* (Gn 45, 13). Cette fois, les frères ne vont plus jalouser Joseph ; cette fois, le père, Jacob, à la différence de Laban, se réjouit de voir son fils comme *un plant fécond près de la source,* et il le bénit de ces paroles qui reportent sur lui toute la fécondité du ciel, de la terre et des enfers, du passé et de l'avenir : *Bénédictions des cieux en haut, bénédictions de l'abîme couché en bas, bénédictions des mamelles et du sein, bénédictions des épis et des fleurs, bénédictions des montagnes antiques, attirance des collines éternelles, qu'elles viennent sur la tête de Joseph, sur le front du consacré d'entre ses frères !* (Gn 49, 25-26).

10. On peut porter le nom de chrétien, répéter jour et nuit : « Seigneur ! Seigneur ! », être en

extase devant Jésus ressuscité, restituer intact le dépôt de sa parole, et néanmoins être *jeté dehors dans les ténèbres, où sont les pleurs et les grincements de dents.* C'est ce que souligne la parabole des talents, avec le serviteur qui restitue le sien en se justifiant : *Seigneur, j'ai appris à te connaître pour un homme âpre au gain : tu moissonnes où tu n'as point semé, et tu ramasses où tu n'as rien répandu. Aussi, pris de peur, je suis allé enfouir ton talent dans la terre : le voici, tu as ton bien* (Mt 25, 24-25). Il n'est pas vrai que le Seigneur moissonne où il n'a pas semé, mais il est vrai qu'il veut que la bonne terre, s'appropriant la semence qui s'est détachée du semeur, la fasse grandir et porter du fruit, *l'un cent, l'autre soixante, l'autre trente* (Mt 13, 8). Le serviteur paresseux qualifie d'âpre au gain celui qui est généreux à l'extrême. De tous les serviteurs, il est le seul à dire *ton* talent, comme si le maître avait prêté et non pas donné, et comme si le don sans retour pouvait être sans fructification. Le maître, en effet, ne veut pas que le serviteur soit un simple récipiendaire, une cruche qui ne serait pas enivrée par le vin qu'elle reçoit et reverse ; il lui donne de posséder et de donner lui-même ; il ne veut pas le laisser tranquille parce qu'il ne veut pas le laisser stérile.

Nous trouvons Jésus ressuscité décevant de même que le serviteur trouve son maître âpre au gain. Nous nous prosternons devant lui et cependant, si phalènes que nous soyons dans sa lumière, jusqu'à y brûler nos ailes, nous n'avons pas encore la foi (cf. Mt 28, 17). Aussi nous demande-t-il de le lâcher, *ne me retiens pas*, et même il nous congédie : *Allez donc, de toutes les nations faites des disciples, les baptisant au nom du Père et du Fils et du Saint-Esprit* (Mt 28, 19). La gloire du Ressuscité n'est pas captivante. Elle serait plutôt repoussante, nous filant un grand coup de pied au derrière et nous confiant tout le poids du Nom de la Trinité.

La parole la plus claire à ce sujet est prononcée lors du dernier repas, dans le discours de la vigne et des sarments : *Ce qui glorifie mon Père, c'est que vous portiez beaucoup de fruit* (Jn 15, 8). La gloire du Père est dans la fécondité de ses fils et ses filles : elle ne lui revient vraiment qu'en allant toujours de l'avant, elle ne retourne à lui qu'en ne retournant jamais en arrière, mais en fructifiant et se multipliant, de génération en génération, selon ce renouvellement infini de la gloire que nous avons déjà évoqué.

11. La gloire de Pâques n'est décevante que parce que c'est la gloire de la Pentecôte. Jésus ressuscité apparaît et prêche pendant quarante jours sans succès, mais cet échec devient une réussite rétrospective. Après avoir disparu dans les cieux

et ménagé un vide de dix jours encore, il donne son Esprit, il communique sa vie, relançant en chacun de nous une nouvelle Pâque tout aussi improbable : la Pâque de Marie-Christiane, la Pâque de Fabrice, la Pâque de .... (compléter avec votre nom ou le nom de quelqu'un qui vous est particulièrement antipathique).

Toute gloire a son principe dans la Trinité, dont le mystère assume dans une consubstantialité les divers redoublements du glorieux : le héros, le poète et leur suite se retrouvent et sont transcendés à travers le Principe, le Verbe et l'Esprit. L'hérésie arienne, antitrinitaire, est aussi une hérésie quant à la gloire. Elle confond la gloire et l'ambition. Elle juge que la gloire du Père suppose l'infériorité du Fils, lequel ne peut dès lors être Dieu, mais, au mieux, une super-créature. Or, je l'ai déjà répété, nul ne peut être dignement reconnu que par quelqu'un qui est au moins son égal. Un théologien meilleur que moi est seul capable ici de me décerner un éloge valable, tandis qu'un auditeur moins avisé, incapable de percevoir les défauts de ma réflexion, aveuglé par la poudre aux yeux de ma rhétorique, pourrait m'applaudir, rabattant l'une contre l'autre, par mégarde, les gifles que je mérite.

À l'opposé de tout arianisme, l'épître aux Hébreux commence en nommant le Fils *Splendeur de la Gloire du Père* (He 1, 3), selon cette secondarité du premier et cette primauté du second que comporte *para-doxalement* toute glorification. La gloire du Père vient du Fils, et elle induit la gloire égale du Fils par le Père, et notre glorification du Père et du Fils, pour être à la hauteur, suppose que l'Esprit nous soit donné ; et que nous bénéficions de leur gloire même, non par nature, mais par adoption. Ainsi, dans la messe, nous sommes au niveau, nous offrons Dieu à Dieu, participant de la gloire trinitaire.

12. La grande révélation de l'Évangile, ce n'est pas de pouvoir dire « Dieu le Père » ou « Dieu l'Esprit » – ce qui se faisait déjà assez bien auparavant – mais de pouvoir chanter « Dieu le Fils ». Qu'un Fils, un engendré, un descendant, puisse être Dieu, voilà qui étonne, mais qui va tout à fait dans le sens de la gloire, et qui tient la promesse de Dieu d'une manière qui excède nos espérances.

L'Ancien Testament s'achève sur le livre de Malachie, et ce dernier livre se conclut avec ces versets : *Voici que je vais vous envoyer Élie le prophète, avant que n'arrive le Jour du Seigneur, grand et redoutable. Il ramènera le cœur des pères vers leurs fils et le cœur des fils vers leurs pères, de peur que je ne vienne frapper le pays d'anathème* (Ml 3, 23-24). Cette prophétie laisse entendre que la violence du péché atteint l'humanité en ses sources, dans la relation des parents et des enfants. Aussi annonce-t-elle une réconciliation profonde, qui engage les cœurs, le retour du fils prodigue, mais aussi le repentir du père avare – la fin d'un écrasant monarchisme (sans pour autant que cette fin du père-despote soit l'avènement du père-compère ou du père-absent ; le père reste le père, et même le devient vraiment, sachant quand il doit tenir le fils, et quand il doit le lâcher). L'anthropologue Lucien Scubla l'a rappelé contre Freud : avant le complexe d'Œdipe, qui tue le père, ou d'Oreste, qui tue la mère, il y a le complexe de Saturne, qui dévore ses enfants[1].

La prophétie de Malachie connaît une réalisation surabondante à travers la révélation de la Trinité, où le Père fait au Fils le don de toute sa divinité, et où le Fils rend infiniment gloire au Père, non en lui donnant en retour, mais en spirant avec lui l'Esprit. À l'avenir nous ne pouvons plus adorer Dieu le Père sans adorer également Dieu le Fils, Lumière née de la Lumière, vrai Dieu né du vrai Dieu. Et cette adoration ne saurait être obnubilante et statique, puisque c'est celle de la gloire qui pour être elle-même réclame la gloire d'un autre. Nous ne pouvons la contempler sans

1. Cf. Lucien Scubla, *Donner la vie, donner la mort,* Le Bord de l'eau, 2014 p. 18-21. Scubla, à la suite de Georges Devereux, remontant moins à l'origine mais restant dans le même mythe, parle plutôt de « complexe de Laïos et Jocaste ».

la rendre nous-mêmes, nous ne pouvons la rendre sans la transmettre à d'autres encore.

13. Si ramener le cœur des fils vers leurs pères est aussi ramener le cœur des pères vers leurs fils, la réconciliation ne saurait toutefois aboutir à l'exaltation du fils à papa ou à l'avènement d'un patriarcat efféminé et maternant, avec un petit qui reste, sinon dans les jupes de sa mère, du moins pendu aux basques de son géniteur.

Lorsqu'on a échappé au monarchisme arien, il convient encore d'éviter un certain circularisme, où le fils fait retour à un père qui n'aurait coupé le cordon que pour le tenir en lisière. Dans ce circularisme, le Père engendrerait le Fils qui reviendrait au Père par l'Esprit, selon la perfection du cercle. On sort alors peut-être d'Égypte, mais c'est pour entrer en Grèce, et non en Terre promise. Pour les Grecs, le mouvement parfait est circulaire, le temps est cyclique, l'âme remonte au Ciel des Idées, Ulysse retourne à Ithaque. Dans la Bible, le mouvement parfait est la droiture sans retour, le temps est une flèche, Adam est pour toujours expulsé de l'Éden, Abraham quitte à jamais la Chaldée de ses parents.

Il serait malheureux de lire la parabole du fils prodigue comme celle d'un jeune homme qui régresse à l'état infantile et ne revient que pour être bercé dans les bras paternels, comme lorsqu'il avait 2 ou 3 ans. Si le père ordonne à ses serviteurs de *mettre un anneau au doigt et des chaussures au pied* de son fils revenu (Lc 15, 22), c'est pour qu'il puisse repartir ou du moins être maître de maison. Il ne doit plus se contenter de la *part de bien qui me revient* (Lc 15, 12), autrement dit de n'être qu'un héritier; il doit devenir lui-même fondateur de sa propre famille. La première prophétie de la Genèse, celle qui contient toutes les autres et qui déjà annonce les mystères de la Trinité et de l'Incarnation, est précisément celle-ci: *L'homme quittera son père et sa mère et s'attachera à sa femme, et ils feront une seule chair* (Gn 2, 24).

14. Il ne faudrait donc pas réduire la pensée du père à celle d'un projet parental ou d'un plan de vie pour le fils, de sorte qu'il serait difficile à distinguer d'un ogre, ou, ce qui est pire qu'un ogre, d'un programmateur. La gloire du père, c'est que le fils porte librement du fruit, qu'il trace un avenir sans précédent quoique non sans ressources, qu'il ne conserve pas le patrimoine comme on enterre son talent, mais qu'il le cultive et le transforme en son propre legs à ses propres enfants. Être dans le père, c'est donc le quitter, devenir époux et père à son tour. Le départ d'Abraham le laisse entendre. Car le premier projet de son père était de quitter Harar pour se rendre en Canaan. Mais Térah s'arrête à mi-chemin, à Our en

Chaldée. En quittant son père, Abraham accomplit donc le désir du père, qui est que son fils aille au-delà de lui. S'il s'agit encore d'un retour, c'est un retour en avant, et non pas en arrière.

La vie trinitaire n'est donc pas à se représenter trop vite comme un cercle clos sur lui-même, tel un serpent qui se mord la queue. La figure du cercle peut aider à exprimer quelque chose de sa perfection souveraine, et surtout à ne pas la dissoudre dans une prolifération de divines Personnes, le fils engendrant un autre fils, et ainsi de suite, indéfiniment, sans jamais parvenir à la procession complète de l'Infini. C'est dans ce dessein que saint Thomas d'Aquin emploie cette figure à plusieurs reprises[1]. Mais il la déchire bientôt en appliquant à l'Esprit saint la remarque d'Aristote selon laquelle tout don implique une donation sans retour (*datio irreddibilis*[2]). La flèche crève le

1. *De potentia,* q. 9, art. 9 ad 15 ; *Summa contra Gentiles,* IV, 26.

2. *Somme de théologie,* Ia, q. 38, art. 2, resp., citant Aristote, *Topiques,* IV, 4, 125a. Dans ses dix dernières années, saint Thomas renonce au cercle pour dire la Trinité. L'image ne se retrouve pas dans la *Somme de théologie.* Au reste, « Thomas d'Aquin ne parle jamais de *retour du Fils au Père* », si j'en crois ce que m'en a dit le frère Gilles Emery, un après-midi d'été, sous un arbre du couvent Saint-Hyacinthe. Ce dont il parle, c'est de la « *communion du Père et du Fils par la fécondité du Fils,* l'Esprit étant le fruit de cette communion ». Puis, après avoir tiré plus profondément sur sa cigarette, notre maître en théologie trinitaire s'est autorisé à ajouter : « Le Fils ne peut pas être principe du Père, et, par conséquent, *le Fils n'a rien à donner au Père.* C'est en cela que le Père lui a tout donné. »

cercle, la droiture dénoue la boucle, si bien que nous pouvons penser que dans l'Éternel se rencontre toute la splendeur d'une aventure, d'une histoire transfigurée, où tout va toujours plus avant dans la surabondance. Hans Urs von Balthasar l'exprime en une formule qui condense à elle seule tout notre propos sur la gloire : « L'être – et finalement l'être trinitaire lui-même comme source de tout – est toujours plus que lui-même[1]. »

15. Cela nous donne d'entendre autrement la parole abyssale du Christ en croix : *Mon Dieu, mon Dieu, pourquoi m'as-tu abandonné ?* L'abîme est ici celui de la paternité. L'abandon correspond au plus haut don du père – cet instant où, après nous avoir tenus lors de nos tout premiers pas, il nous lâche pour que nous puissions enfin, pour sa plus grande joie, lui tourner le dos et marcher sous son regard. Lorsque le Père abandonne le Christ, il est plus que jamais avec lui, parce que sa gloire est que le Christ manifeste une gloire propre, en portant une croix qui ne pèsera jamais sur les épaules paternelles. C'est là d'ailleurs la croix du père. Il voudrait peut-être décharger son enfant de son fardeau, mais il sait que *son heure est venue* – l'heure du Fils – et que le soutenir à ce moment

---

1. Hans Urs von Balthasar, *La Gloire et la Croix,* III. Théologie, 2. Nouvelle Alliance, trad. R. Givord, Aubier, 1975, p. 367.

serait le garder sous tutelle, le conserver dans l'immaturité. Alors il laisse son Fils porter la croix et même il laisse la croix porter son Fils à sa place – et c'est à cet instant où il le livre entièrement au monde, qu'il est avec lui plus que jamais[1].

Un père est tenté soit de négliger son fils au point de le réduire à un individu en apesanteur, accidentellement sorti d'un autre individu sans attaches, soit de venir toujours au secours de son enfant au risque d'en faire un assisté, de le couver jusqu'à rabougrir ses ailes et dès là lui interdire de recevoir une gloire qu'il assume et renouvelle personnellement. Le mystère trinitaire nous emmène plus loin que le complexe d'Œdipe (et que celui de Saturne) : le Fils quitte le Père, et le tuerait presque, puisqu'il apparaît aux yeux

1. Dans la troisième partie de la *Somme de théologie* (qu. 47, art. 3, resp.), Thomas d'Aquin s'interroge sur cet abandon à partir de la phrase de saint Paul aux Romains (8, 32) : *Dieu n'a pas épargné son Fils unique, mais il l'a livré pour nous tous.* L'abandon par le Père est actif. C'est le fait de *livrer* le Fils aux mains des pécheurs. Comment le même verbe peut-il valoir à la fois pour le Père et pour le traître, pour Dieu et pour Judas ? La réponse est que cette livraison n'est pas une trahison, mais la fidélité même du Père qui donne à son Fils d'opérer l'œuvre du salut : « Il lui a inspiré la volonté de souffrir pour nous, écrit Thomas, en infusant en lui la charité. » Judas livre Jésus « par cupidité » ; les grands-prêtres le livrent « par envie » ; Pilate le livre « par crainte ambitieuse » ; mais le Père le livre « par amour », pour que le Fils accomplisse de lui-même la plus grande chose, qui est de nous donner sa vie. Cet abandon est bien le parachèvement du don.

des grands prêtres comme un blasphémateur ; le Père abandonne le Fils, et l'oublierait presque, puisqu'il apparaît aux yeux des âmes sensibles comme un monstre cruel ; mais dans ce double mouvement réside la fécondité même de la vie – le chemin de la gloire, où le père fait place à son fils, et n'acquiert toute sa gloire de père que si son fils devient glorieux, que si ce fils peut dire à ses frères : *Racontez à mon père toute ma gloire en Égypte.*

Retour au lys des champs et à la scène de ménage

16. La contemplation de la Trinité favorise le réalisme. On croyait s'envoler loin des histoires familiales, et nous voilà encore, tout là-haut, avec le Père et le Fils, et même la fille-mère (depuis l'Assomption). Les Hébreux mangent le pain du ciel, mais cette nourriture d'en haut tient du hors-d'œuvre : le plat de résistance est dans le pain quotidien. Les quarante années parmi les sables sont pour apprendre à vivre entre les murs d'une petite maison avec jardin. Le don de la manne est pour cultiver le blé en Chanaan, y cuire sa tresse de chabbat, la partager avec les siens et le pauvre qui passe.

Penser aux choses d'en haut et non aux choses sur la terre (Col 3, 2) n'a rien d'une évasion. Dans cette pensée, les choses de la terre sont reçues dans leur source et conduites à leur fin. On peut rester au ras des pâquerettes ou des lys des champs, tout participe encore, à son échelle, *selon son espèce*, de la gloire divine. Jésus le déclare sous forme impérative : *Considérez comment croissent les lys : ils ne travaillent ni ne filent ; cependant je vous dis que Salomon même, dans toute sa gloire, n'a pas été vêtu comme l'un d'eux* (Lc 12, 27).

La femme qui devant sa penderie pleine de vêtements estime qu'elle n'a rien à se mettre peut produire une interprétation assez valable de cette parole du Christ. C'est la grande question de la coquette la plus vertueuse : « Où trouver l'habit qui me manifeste aussi bien que sa corolle manifeste le lys ? Quand on est une *donna mobile,* l'habit n'est-il pas à réinventer sans cesse ? Et s'agissant de Salomon, sa gloire n'était-elle pas entachée de quelque vanité, là où celle de la fleur est parfaitement innocente ? Il suffirait que je passe enfin le chemisier ou la robe qui correspond parfaitement à l'expression de ma nature humaine et individuelle pour que je resplendisse. Une preuve de la résurrection des corps, c'est ma perplexité devant l'armoire. Si je n'avais pas en moi le sentiment qu'une telle adéquation est possible, mais qu'elle se dérobe ici-bas, je saurais tout de suite quoi me mettre, je n'aurais pas besoin, une fois de plus, de ravauder les feuilles de figuier, de me confier encore à une pauvre confection. »

Nous autres, humains, sommes des êtres d'avoir, et c'est pourquoi la fleur des champs nous interroge. Sa parure coïncide parfaitement avec son être, elle la possède par sa substance, alors que nous avons à ménager la nôtre de manière délibérée et contingente, par notre avoir, par les produits de notre technique, dans un effort d'ajustement jamais achevé. Être vêtu aussi bien que le moindre coquelicot, voilà tout le problème de l'économie, et la limite glorieuse de nos visées de croissance.

17. À travers la considération des lys apparaît encore autre chose : le propre de la gloire humaine, sa fécondité spécifique, est aussi de pouvoir reconnaître la gloire des autres espèces. De même que la gloire extérieure de Dieu est de se faire ami de l'homme – *philanthropos,* comme disent les Pères d'Orient –, la gloire de l'homme est de se faire le gardien de la fleur et de la grenouille – *philocosmos.*

Un texte hébreu antérieur au xe siècle, le *Perek Chira* – « Chapitre du Chant » –, compile des versets de la Bible où la gloire de l'Éternel est louée par d'autres créatures que l'homme :

> Le figuier proclame : *Qui veille sur le figuier jouira de ses fruits* (Pr 21, 18). Le grenadier dit :

> *Ta tempe est comme une tranche de grenade à travers ton voile* (Ct 4, 3). Le dattier dit : *Le juste fleurit comme le palmier ; comme le cèdre du Liban, il est élancé* (Ps 92, 13). [...] Les légumes des champs proclament : *Tu en inondes les sillons, en écrases les glèbes, tu la détrempes par les ondées, tu en bénis les plantes* (Ps 65, 11)[1]...

Et ainsi de suite, tout le monde chante, la fourmi non moins que la cigale, l'oie comme le vautour, le petit bétail et les grosses baleines, pour conclure avec les chiens qui s'expriment autant par leurs jappements que par leur façon de se coucher devant le maître : « Venez ! Nous voulons nous prosterner, nous incliner, ployer les genoux devant le Seigneur, notre Créateur[2]. »

Un apologue sert de préface à ce vrai cantique des créatures :

> Nos sages ont dit que lorsque David, roi d'Israël, eut fini la rédaction de ses Psaumes, il s'en enorgueillit et dit à Dieu : « Existe-t-il au monde un être créé qui chante tes louanges mieux que moi ? » Alors, sur son chemin, une grenouille l'apostropha et dit : « David, rien ne sert de t'enorgueillir, car je sais beaucoup mieux que toi louer et célébrer

1. *Perek Chira. Le Chant de la Création*, trad. S. Aboudharam (modifiée), Éd. Kol, 2011, p. 58 et suiv.
2. *Ibid.*, p. 200. Il y a un jeu de mots sur « Venez ! », qui en hébreu se dit « Bou ! », monosyllabe proche de l'aboiement.

Dieu ! Et bien davantage, chacune de mes louanges contient trois mille paraboles comme il est dit (1 R 5, 12) : *Le roi Salomon énonce trois mille paraboles par la parole et mille cinq cents par son chant.* Mieux encore, je suis toujours occupée à accomplir un grand précepte. En effet, il existe au bord des eaux une espèce qui ne tire sa subsistance que de l'eau, et quand ces bêtes ont faim, elles me capturent et me mangent. C'est là mon précepte pour accomplir ce qui est dit (Pr 25, 21-22) : *Si ton ennemi a faim, donne-lui à manger. S'il a soif, donne-lui à boire. Ainsi tu attises les charbons sur sa tête et l'Éternel te comblera.* Ne lis pas ici : *Et l'Éternel te récompensera* mais *Il te complétera*[1]. »

Bien entendu, cette grenouille, c'est encore un homme qui la fait parler. Le lys des champs ne sait pas sa splendeur ; seul un autre Salomon peut dire que Salomon, dans toute sa gloire, n'a pas été vêtu aussi bien qu'un lys des champs. Ce décentrement, ou plutôt cette *excentricité*, se trouve au cœur de l'homme. En accueillant la beauté de la fleur et du coassement, en faisant que sa voix prenne en charge les acclamations inarticulées des autres créatures, Salomon se revêt enfin d'une gloire meilleure. Il devient humain comme le lys est lys, non pas en ouvrant ses pétales, mais en recueillant toutes choses dans l'arche de sa parole.

1. *Ibid.*, p. 5.

La gloire du Ressuscité est aussi celle de la grenouille (lui aussi se laisse manger dans notre vaste marécage). Mieux que le baiser de la princesse, le Verbe fait chair rassemble et transfigure en lui le batracien aussi bien que tous les êtres terrestres, célestes et amphibiens, selon l'affirmation de saint Paul aux chrétiens d'Éphèse : *Béni soit le Dieu et Père de notre Seigneur Jésus Christ […]. Il nous dévoile ainsi le mystère de sa volonté, selon que sa bonté l'avait prévu en lui pour mener les temps à leur plénitude : récapituler toutes choses dans le Christ, celles du ciel et celles de la terre* (Ep 1, 3 et 9-10).

18. Les Juifs ont le devoir formel de bénir au moins cent fois par jour (il est vrai que ma grand-mère Zizette se plaignait par jour à peu près deux cents fois, mais je dois concéder que ses plaintes, typiquement juives, étaient encore des bénédictions en souffrance). Comme des chasseurs à l'affût de lueurs, ils sont prêts à tirer une louange sur tout ce qui bouge. Leur tâche est de ramasser les miettes de la gloire de Dieu éparpillée dans le monde. À cette fin, ils disposent de formules précises. Dans leur livre usuel de prières, on trouve une bénédiction à prononcer quand on entend le tonnerre, une autre quand on voit un arc-en-ciel, une autre en apprenant un décès, une autre en retrouvant un ami qu'on

n'avait pas revu depuis plus d'un an, une autre en revêtant un nouveau vêtement, une autre avant d'inhaler le parfum d'une fleur (différente de celle qui se rapporte à l'arôme des épices, et de celle qui s'accorde à l'odeur d'un fruit), une autre encore lorsqu'on croise un maître de la Torah, et une autre lorsqu'on aperçoit un nain, un roux ou un bossu… Cette dernière, la *Méchané Habriote,* bénit le Seigneur « qui diversifie les créatures ».

La *berakha* ne s'étend pas qu'aux choses, mais aussi à chacune de nos actions. Il y a par exemple l'admirable prière *Acher Yatsar,* qui se récite chaque matin, peu après le réveil, et à chaque fois que l'on a mené avec succès son passage aux toilettes :

> Béni sois-tu, Éternel, notre Dieu, Roi de l'univers, lui qui a formé l'homme avec sagesse et a créé en lui de nombreux orifices et cavités. Il est manifeste et connu devant le trône de ta gloire que si l'un de ceux-ci se bouchait ou que si l'un de ceux-là s'ouvrît, il serait impossible de se conserver et de durer devant toi. Loué sois-tu, Éternel, lui qui guérit toute chair et agit merveilleusement[1].

1. *Rituel des prières journalières*, trad. L. Blum (modifiée), Colbo, 1986, p. 6. Dans leur adresse au Très-Haut, les bénédictions juives décrochent toujours de la deuxième à la troisième personne du singulier (intensifiant ainsi la singularité de la personne). Cette incorrection est d'une profonde convenance. La rupture syntaxique permet de signifier la transcendance de celui à qui l'on parle. Un tutoiement

Avec cette bénédiction, le « trône » de notre humilité est placé en regard du trône de la gloire. C'est parce que l'acte de « faire » (la petite ou la grosse commission), qui selon les psychanalystes est le premier « faire » de l'enfant, et selon les écologistes le déchet le plus recyclable de l'homme, repose sur la merveilleuse ordonnance de notre organisme, œuvre de Dieu. Quoi qu'on en dise, le système digestif est si parfaitement intégré à un Steve Jobs ou un Elon Musk, qu'il reste à jamais plus étonnant que n'importe quel système électronique.

Ce rapprochement des deux trônes, si l'on peut parler ainsi, s'accomplit souverainement dans l'Incarnation, le Fils éternel ayant pris en soi toutes nos nécessités physiologiques : respirer, boire, manger, uriner, déféquer, dormir même, tout cela a été personnellement uni à la Personne

continu verserait dans la familiarité ; un usage continu du « il », dans l'objectivation. Il importe donc d'osciller entre les deux, comme une boussole qui s'affole à proximité du pôle. C'est le procédé ordinaire des Psaumes. Il nous évite à la fois cette illusion d'une relation déjà faciale avec Dieu, et cette prétention d'une observation désengagée. Hélas, nos traductions ont pris cette énallage si opportune pour un malheureux solécisme. Le prêtre dit à l'offertoire : « Tu es béni, Dieu de l'univers, *toi* qui nous donnes ce pain… », quand il eût été plus rigoureux quoique plus incorrect de basculer d'un coup à la troisième personne, comme le fait la bénédiction juive du repas, qui fut probablement celle de Jésus à la Cène : « Béni sois-*tu*, Éternel notre Dieu, Roi de l'univers, *lui* qui fait sortir le pain de la terre. » En bons Français, nous avons redouté la faute de langage, mais nous avons perdu la (trans-)figure de style.

divine. Quand saint Paul écrit aux Corinthiens : *Soit que vous mangiez, soit que vous buviez, et quoi que vous fassiez, faites tout pour la gloire de Dieu* (1 Co 10, 31), son exhortation morale repose sur une vérité christologique. Avec le Christ, l'Éternel s'est fait l'un de nous, et les actes les plus légers sont lestés du plus grand poids, les plus ternes, ressaisis dans la plus grande lumière.

19. Deux meubles concentrent au-dessus d'eux le plus grand nombre de bénédictions : la table et le lit. Jésus relevé de sa couche mortuaire ne se voit certainement guère au lit, mais il faut bien constater qu'il passe le plus clair de son temps à table, ou du moins au tapis, car on prenait sans doute à l'époque son dîner par terre. Avec les disciples d'Emmaüs, au Cénacle, sur les bords du lac, chaque jour des quarante jours entre Pâques et l'Ascension, il mange avec ses disciples, alors même qu'il n'a plus besoin de manger. Ce qui est nécessaire à la subsistance du mortel est assumé gratuitement dans la gloire du Ressuscité, lequel cherche d'ailleurs à nourrir plus qu'à être nourri, selon la loi de fécondité impliquée par la gloire.

Le recueil des lois les plus courantes de la tradition juive s'intitule *Choul'hane Aroukh* – la « Table dressée », en référence aux célèbres versets des Proverbes : *La Sagesse a bâti sa maison, elle a taillé ses sept colonnes, elle a abattu ses bêtes, préparé son vin, elle a aussi dressé sa table* (Pr 9, 1-2). À côté de l'ordre rituel du repas et des diverses bénédictions prescrites selon les différents types de nourriture, se lit cette recommandation générale :

> Il est important de s'entretenir de Torah à table. La table est comparée à l'autel et procure le pardon des péchés lorsque le repas est accompagné de paroles de la Torah et qu'il est partagé avec des nécessiteux (soit qu'on les invite, soit qu'on se soucie de pourvoir à leurs besoins). Ainsi on mérite l'éloge du prophète Ézéchiel : *Voici la table qui est devant l'Éternel*[1] (Ez 41, 22).

À cette aune, Jésus ressuscité paraît on ne peut plus juif. Non seulement par la liturgie eucharistique, mais aussi par le simple fait de prolonger le repas pascal en conversant avec de pauvres Galiléens qui, pour être ses disciples, n'en sont pas moins des nécessiteux. Dès le départ, dès la sortie d'Égypte, l'ange exterminateur « saute » par-dessus les maisons des Hébreux (Pâque vient de *Pessa'h* qui signifie « passer au-dessus ») parce que l'agneau qu'ils se partagent en famille l'oblige à jouer à saute-mouton. Or voici que l'Agneau est là, qu'il a franchi les eaux de l'extermination, qu'il glorifie la table quotidienne, qu'il veut même que sa parole se donne comme le pain et le vin, pour

1. *Choul'hane Aroukh,* Éd. 'Hasdei Lea, 1989, p. 94.

que l'on comprenne que la parole qui s'échange au-dessus du plat n'est pas idéologique. Ce n'est pas d'abord une doctrine qui réunit ici, mais la nourriture bien solide, afin que l'oreille s'ouvre pour écouter, aussi naturellement que la gueule s'ouvre pour manger. La faim est prérequise au cœur de la foi. Car la foi consiste à croire ce convive revenu des morts, qui nous rassasie d'autant plus qu'il attise en nous *la faim et la soif de justice* (Mt 5, 6).

20. Là encore, l'économie, l'ordre matériel de la vie spirituelle est à considérer, et c'est cela qui est le plus glorieux – non pas se volatiliser dans l'espace intersidéral, mais entrer dans cette pitié qui assure la pitance des petits. Les cent cinquante-trois poissons que pêchent les Apôtres après la résurrection du Christ sont certainement le symbole des nations qui seront prises dans le filet de l'Église, mais ce sont aussi de vrais poissons comestibles, grillables, à savourer en essayant de ne pas avaler une arête, et en s'efforçant aussi, désormais, de ne pas dépeupler la mer.

On peut lire dans le Talmud cette mise en balance de la traversée de la mer Rouge et du remplissement de l'estomac – et par voie de conséquence de la Résurrection et de la restauration :

> Rabbi Chizbi a dit au nom de Rabbi Éléazar ben Azaria : « Assurer la subsistance de l'homme

> est aussi difficile que de fendre les eaux de la mer Rouge, car il est dit : *Bientôt celui qui est courbé sous les fers sera délivré, il ne mourra pas dans la fosse, et son pain ne lui manquera pas,* et tout de suite après : *Car je suis l'Éternel, ton Dieu, qui dompte la mer et fait mugir ses flots*[1] (Is 51, 14). »

Il revient sans doute aux chrétiens de réciter un bénédicité jusque dans le cirque, avant de nourrir les lions. Mais de plus en plus, entre le fantasme technologique et la dévastation environnementale, il suffira de vouloir assurer la subsistance de l'homme, d'essayer encore de cuisiner une potée aux choux (qu'on aura su planter soi-même), de la manger sur une table de bois avec sa femme (qui est encore une femme), ses fils et ses filles (qui sont encore des fils et des filles), ses vieux parents mêmes (qui ne sont pas les ingénieurs d'une entreprise de biogénétique), et quelques amis (qui ne sont pas des amis sur Facebook), pour s'engager très avant sur la voie du martyre. L'Apocalypse a l'avantage de simplifier les choses, de ménager des raccourcis. Le moindre pique-nique familial, à la fin des temps, prend une tournure miraculeuse, et devient scandale et folie pour les posthumains. C'est ce que nous révèle le Ressuscité par avance, sur une rive du lac de Tibériade.

---

1. Traité *Pessahim*, 118 a, cité dans *Aggadoth du Talmud de Babylone*, Verdier, 1982, p. 324.

21. J'ai évoqué la table. Je voudrais finir avec le lit. Il se peut, au demeurant, que certains déjà veuillent aller se coucher. Qu'ils y aillent sans crainte. Il est une gloire dans le sommeil, et plus encore dans le sommeil profond. C'est la gloire des enfants qui ont assez confiance en leurs parents et en l'avenir. La gloire du septième jour, aussi, pour celui qui s'est bien fatigué à œuvrer les six jours précédents. Dans un coin de la barque, au milieu de la tempête, le Fils repose. Dans le creux du rocher, le Samedi saint, le Fils repose. On pourrait le prendre pour Jonas retranché dans la cale du navire, refusant sa mission de sermonner Ninive. Mais ce signe de Jonas est donné par Jésus, il ne dit pas le refus, mais la grande acceptation. Dans son repos, il s'appuie sur le roc, il puise au principe de la mission, qui est d'être envoyé par un autre et pour un autre, et par conséquent de dépenser son activité la plus propre à partir d'une réceptivité radicale, d'une passivité qui ajuste parfaitement l'action, et rend disponible pour la puissance de la Résurrection.

Les démons sont insomniaques. L'enfer est hyperactif. L'électricité y éclaire les ténèbres comme en plein jour, étouffant à jamais l'espérance de l'aube. Tout doit y dépendre de son plan, de ses anticipations, de sa volonté solitaire et stérile. Il n'y a plus d'événement possible, à part celui de la douleur, comme une vaine tentative de réinventer la chair dans l'armure. Il n'y a plus d'autre réalité que celle que l'on projette et construit, alors on a peur de s'endormir, car ce serait l'effondrement de son monde. En même temps, du fait de l'ininterruption de l'insomnie, on ne peut plus se réveiller, déciller ses paupières sur une clarté qui se donne. Celui qui dort à poings fermés est pareil à celui qui veille en tendant les mains. Celui qui ne veut rien lâcher ignore aussi bien le réel que le rêve. Il est désespéré jusque dans l'optimisme qui le persuade qu'il va y arriver. C'est ce qui fait écrire à Charles Péguy : « Je n'aime pas, dit Dieu, l'homme qui ne dort pas, / Celui qui brûle, dans son lit, d'inquiétude et de fièvre[1]. »

22. On peut bien paraphraser sainte Thérèse d'Avila et crier que le monde est en feu, qu'il ne faut pas dormir pendant ce temps. La carmélite, en plus du sommeil commun, passait au moins deux heures à ne rien faire qu'à laisser Dieu faire – condition pour agir selon l'ordre d'une vie d'abord reçue et à renouveler. Elle savait que *si le Seigneur ne garde la ville, les gardes veillent en vain. [...] Dieu comble son bien-aimé quand il dort* (Ps 126, 1-2). Ainsi est-il prescrit aux fils d'Israël

1. Charles Péguy, *Le Mystère des saints Innocents,* Gallimard/NRF, 1929, p. 23.

de dire avant de se coucher cette bénédiction qui débute en somnolence et finit en éblouissement :

> Béni sois-tu, Éternel notre Dieu, roi de l'univers, qui fais tomber les bandeaux du sommeil sur mes yeux et l'assoupissement sur mes paupières ; que la volonté soit devant toi, Éternel mon Dieu et Dieu de mes pères, que tu me fasses reposer en paix, que tu me fasses relever en paix, et que ne m'agitent pas mes pensées ni de mauvais songes ni des intentions mauvaises ; que ma couche soit pure devant toi et que tu rouvres mes yeux au jour et que je ne dorme pas du sommeil de la mort, car c'est toi qui éclaires la prunelle, fille de l'œil. Béni sois-tu, Éternel, lui qui éclaire l'univers entier par sa gloire[1].

Le consentement au sommeil est abandon à cette volonté plus haute – qui se tient « devant l'Éternel », et qui illumine l'univers bien mieux que nos lampes de chevet. Sans cette immersion dans l'inconscience, nos consciences se troublent, nos veilles deviennent inquiètes ou engourdies, et l'on ne sait plus ouvrir les yeux sur le renouveau du matin.

Je peux très bien me représenter Jésus ressuscité en train dormir, la tête dans ses coudes, sur la table du repas. Cette image dérange peut-être. Elle ne choque pas. Elle s'inscrit bien dans la suite des

---

1. *Rituel des prières journalières, op. cit.*, p. 328.

déceptions nécessaires à notre sortie de l'Égypte industrieuse et pharaonique. Les disciples en seraient probablement déconcertés, ils pourraient même gémir comme le psalmiste: *C'est pour toi qu'on nous massacre sans arrêt. Réveille-toi! Pourquoi dors-tu?* (Ps 43, 23-24). Mais est-ce par une agitation frénétique que l'on peut dépasser les remous du monde? Après la terrible veille de Gethsémani, le sommeil du Ressuscité affirmerait le calme de celui qui est dorénavant victorieux, et qui, par-delà tous ses efforts, tient sa victoire d'une grâce. L'agir n'a de pureté qu'à se retremper et rejaillir de ce bain lustral.

23. Je ne saurais toutefois conclure sans parler de la gloire du lit conjugal, qui autrefois était celui de la naissance et de la mort. Saint Paul le dit dans sa Première lettre aux Corinthiens: *La femme est la gloire de l'homme* (1 Co 11, 7). Cela vaut spécialement pour le Christ ressuscité, dont l'épouse est l'Église (et par conséquent pour les prêtres et les religieux qui entrent dans cette nuptialité mystique). Cela vaut aussi pour moi. Je dois admettre que ma femme, Siffreine, est ma gloire. Même avec nos engueulades et nos incompréhensions mutuelles. Même avec notre plaisir charnel et nos complicités prosaïques. N'y va-t-il pas du poids de porter l'autre en tant qu'autre?

La gloire divine étant celle du Père et du Fils et du Saint-Esprit, c'est-à-dire d'un engendrement et d'un don éternel, elle ne nous ravit que pour nous ramener à cette réalité ordinaire, mais de plus en plus extraordinaire à l'heure de la bio-ingénierie et de la dévastation : l'homme et la femme qui font une seule chair relancent le drame de l'espérance et résistent à la contre-prophétie, selon laquelle l'homme quittera son père et sa mère pour s'unir à son appareil technologique. Ma femme est ma gloire parce qu'elle déchire la sphère de mon confort connecté. Elle nous fait entrer ensemble dans une aventure improbable avec nos beaux et moins beaux parents, avec nos enfants prodiges ou prodigues, qui s'égarent aussi bien parmi les docteurs que parmi les cochons.

Sans doute est-ce ici le premier enseignement de Jésus ressuscité, lorsqu'il passe quarante jours au milieu de sa famille par Alliance, à s'expliquer sans jamais être compris. Il tente de nous faire admettre qu'il ne nous faut rien de moins que l'Esprit saint pour commencer à aller vraiment vers autrui, et pour accepter, entre sacrifice d'Isaac et révolte d'Absalon, entre fugue de Jésus à 12 ans et fuite du cadet à 20 ou 30, que nos propres enfants ne retournent pas en arrière, mais en avant, et que par-delà nos projets ils vivent leur exode, portent leur croix et continuent l'Évangile, en bons pasteurs autant qu'en brebis perdues. Car telle est notre gloire.

Table

CET OUVRAGE A ÉTÉ COMPOSÉ
PAR ATLANT'COMMUNICATION
AU BERNARD (VENDÉE).

Imprimé en France
par Normandie Roto Impression s.a.s.
Dépôt légal : septembre 2019
N° d'imprimeur : 1903706